GPR 딥러닝 완전정복

지하투과레이더(GPR)와 딥러닝의 실제 융합

GPR 딥러닝 완전정복

지하투과레이더(GPR)와 딥러닝의 실제 융합

초판 1쇄 발행 2026년 1월 12일

지은이 차우성
펴낸이 장현수
펴낸곳 메이킹북스
출판등록 제 2019-000010호

디자인 홍규선
편집 최미영, 홍규선
교정 안지은
마케팅 이지현

주소 서울특별시 구로구 경인로 661, 핀포인트타워 912-914호
전화 02-2135-5086
팩스 02-2135-5087
이메일 making_books@naver.com
홈페이지 www.makingbooks.co.kr

ISBN 979-11-6791-822-2(93000)
값 20,000원

홈페이지 바로가기

메이킹북스는 저자님의 소중한 투고 원고를 기다립니다.
출간에 대한 관심이 있으신 분은 making_books@naver.com로 보내 주세요.

GPR 원리 및 B-scan 이해, GPR 데이터 전처리 기법
딥러닝 기초 개념 학습

지하투과레이더(GPR)와 딥러닝의 실제 융합

GPR 딥러닝 완전정복

차우성

메이킹북스

머리말

현대 사회에서 도로, 교량, 댐과 같은 사회 기반 시설의 안전은 우리의 삶과 직결되는 매우 중요한 문제이다. 특히 눈에 보이지 않는 지하에 숨어 있는 문제들, 예를 들어 지하 공동이나 오래된 매설물은 갑작스러운 붕괴나 사고로 이어져 인명과 재산에 막대한 피해를 줄 수 있다. 이러한 위험을 미리 감지하고 예방하기 위해 우리는 땅속을 들여다볼 수 있는 특별한 기술이 필요하다.

지표 투과 레이더(Ground Penetrating Radar, GPR)는 바로 이러한 목적으로 사용되는 비파괴 탐사 기술이다. GPR은 전자기파를 땅속으로 쏘아 보내고, 이 파동이 지하 구조물이나 매질의 변화에 부딪혀 반사되어 돌아오는 신호를 분석하여 땅속의 숨겨진 비밀을 밝힐 수 있으며, 마치 어두운 동굴 속을 손전등으로 비춰 내부를 확인하는 것과 비슷하다고 할 수 있다.

하지만 GPR 탐사에서 얻어지는 데이터는 그 양이 방대하고, 신호의 형태가 복잡하여 전문가의 주관적인 판단에 크게 의존해야 했다. 이는 오탐지의 가능성을 높이고, 자료를 해석하는 데 많은 시간과 비용을 소모하는 단점이 있다.

이러한 문제점을 해결하기 위해 최근 각광받고 있는 기술이 바로 딥러닝(Deep Learning)이다. 딥러닝은 인공지능(AI)의 한 분야로, 컴퓨터가 사람처럼 데이터를 스스로 학습하고 패턴을 인식하게 하는 기술이다. 특히 이미지 인식 분야에서 뛰어난 성능을 보이는 합성곱 신경망(Convolutional Neural Network,

CNN)과 같은 딥러닝 모델은 GPR 탐사 자료의 복잡한 신호를 자동으로 분석하고 해석하는 데 혁신적인 가능성을 제시할 수 있다.

이 책에서는 딥러닝 기술을 GPR 탐사 자료에 적용하여 지하 공동과 같은 이상체를 자동으로, 그리고 정확하게 탐지하는 방법을 상세히 다룰 것이다. 특히 현장 데이터 부족 문제를 해결하기 위한 데이터 증강 전략과 모델의 성능을 최적화하기 위한 앙상블 기법 등 다양한 딥러닝 기법들을 초보자도 쉽게 이해할 수 있도록 설명하였다.

2025년 12월

저자 드림

CONTENT

Part 1.

GPR 기초 이론과 데이터 이해

Part 2.

GPR데이터 분석을 위한 딥러닝 핵심 이론 및 구현

부 록

Part 1.

GPR 기초 이론과 데이터 이해

제1장. GPR 개론

1.1 GPR 개요

지하 환경에는 암반, 토양, 지하수, 매설 구조물, 공극 등 다양한 지질 및 인공 구조가 존재하며, 이들의 분포는 건설 과정의 지반 안정성 확보와 시설물의 유지 관리 등 다양한 분야에 중요한 기준이 된다. 이러한 지하 구조를 굴착이나 파괴 없이 탐지하는 대표적인 비파괴 지구물리 탐사 기법이 지표투과 레이더(Ground Penetrating Radar, GPR) 탐사이다.

GPR 탐사는 고주파 전자기파를 지하로 송신하고, 서로 다른 전기적 특성을 가진 매질의 경계에서 반사되는 신호를 수신하여 지하 구조의 형태와 위치를 영상화한다.

1.1.1 GPR의 원리

GPR의 동작 원리는 전자기파의 송신과 반사 현상에 기반한다. 안테나를 통해 송신된 고주파 전자기파는 서로 다른 유전상수나 전도도를 가진 매질의 경계면에서 반사된다. 이러한 경계면은 흙과 암반, 공동(cavity), 매설된 금속관 등 다양한 형태로 존재한다.

반사된 전자기파(반사파)는 수신 안테나에 의해 수집되며, 장비는 이 신호의 왕복 도달 시간과 강도를 분석한다. 일반적으로 도달 시간이 길수록 반사체는 더 깊은 곳에 위치하고, 신호 강도는 경계면을 구성하는 매질 간의 전기적 특성 차이에 따라 달라진다. GPR은 이처럼 전자기파의 시간 지연과 강도 변화를 통해 지하 구조의 위치와 형태를 파악한다.

이 데이터를 컴퓨터로 처리하면 지하 단면 형태를 나타내는 2차원 영상인 레이더그램(Radargram)으로 시각화할 수 있다. 레이더그램의 가로축은 장비의 이동 거리, 세로축은 전자기파의 왕복 시간(Two-Way Travel Time, TWT)으로 구성된다. 레이더그램상에서 반사체는 주로 쌍곡선(hyperbola) 형태로 나타나며, 이는 지하 구조물의 존재와 위치를 식별하는 핵심적인 단서가 된다.

1.1.2 GPR의 활용과 한계

GPR은 다양한 산업 및 연구 분야에서 널리 활용된다. 고고학 분야에서는 지하 유적 및 매장 문화재를 비파괴적으로 탐사하는 데 사용되며, 토목 분야에서는 도로 및 터널 하부의 공동을 탐지하거나, 매설된 수도관·가스관·전력선 등의 위치를 확인하는 데 활용된다. 또한 군사 분야에서는 지뢰나 불발탄과 같은 위험 요소를 탐지하는 용도로도 사용된다.

하지만 GPR은 모든 환경에서 동일한 성능을 발휘하지 않는다. GPR 탐사의 성능에 영향을 미치는 환경적 요인 중 하나는 지반의 전기적 특성이다. 특히 전기전도도가 높은 매질에서는 전자기파가 빠르게 감쇠하여 탐사 가능한 깊이가 제한된다. 예를 들어, 점토질 토양이나 지하수 함량이 높은 지역처럼 전도도가 높은 환경에서는 심부 탐사가 어렵다. 반대로 건조한 모래나 조밀한 암반처럼 전도도가 낮은 매질에서는 전자기파가 깊은 곳까지 도달하여 효과적인 탐사가 가능하다.

탐사의 성능은 안테나의 주파수에 따라서도 달라진다. 고주파 안테나는 해상도가 높아 얕은 깊이에 존재하는 작은 구조물을 정밀하게 탐지할 수 있지만, 탐사 깊이는 제한적이다. 반면 저주파 안테나는 더 깊은 곳까지 탐사가 가능하지만, 해상도가 낮아 작은 구조물의 식별에는 한계가 있다. 따라서 탐사 목적과 지반 조건에 따라 적절한 주파수를 선택하고, 탐사 깊이와 해상도 간의 균형을 고려하는 것이 필수적이다.

또한 실제 환경에서는 단순한 반사뿐만 아니라 산란(scattering), 다중 반사(multiple reflection), 회절(diffraction) 등 다양한 현상이 발생하여 반사 신호 해석을 더욱 복잡하게 만든다. 이러한 복합적 현상으로 인해 탐사 결과의 해석에는 숙련된 전문 지식과 경험이 필요하다.

결론적으로, GPR은 비파괴적이고 효율적인 탐사 기법이지만, 탐사 대상 지반의 환경적 특성과 목적에 맞는 장비 구성 및 운용 방식에 따라 성능이 크게 좌우된다. 성공적인 탐사를 위해서는 사전 지반 검토와 적절한 장비 선택이 필수적이며, 탐사자의 전문적인 해석 역량 또한 중요하다.

1.2 전자기파의 전파 특성

GPR은 지하 구조 탐지를 위해 고주파 전자기파를 사용한다. 전자기파는 공기 중과 달리 지하 매질을 통과할 때 전파 속도와 신호 감쇠 특성이 변화한다. 이러한 변화는 매질의 유전율과 전기전도도 등 물리적 특성에 의해 발생하며, 탐사 깊이, 반사 강도, 해상도에 영향을 준다. 매질에 따른 이러한 특성 차이를 이해하는 것은 GPR 데이터를 정확하게 해석하는 데 필수적이다.

1.2.1 맥스웰 방정식

지표투과레이더(Ground Penetrating Radar, GPR)는 전자기파를 이용하여 지표 하부의 구조를 영상화하는 비파괴 지구물리탐사 기술이다. GPR 시스템의 송신, 전파, 반사, 수신에 이르는 모든 과정은 거시적 전자기 현상을 완벽하게 기술하는 일련의 편미분 방정식, 즉 맥스웰 방정식(Maxwell's Equations)에 의해 지배된다. 이 방정식들은 단순한 경험식이 아니라, 전자기학의 근간을 이루는 공리적 법칙으로서, GPR의 이론적 토대를 제공한다. 따라서 GPR 데이터의 올바른 해석과 효과적인 탐사 설계를 위해서는 이 근본 원리에 대한 깊이 있는 이해가 필수적이다. 역사적으로, 1860년대 제임스 클러크 맥스웰(James Clerk Maxwell)은 당시까지 알려져 있던 전기와 자기에 관한 법칙들(앙페르 법칙, 패러데이 법칙, 가우스 법칙)을 통합하고, 여기에 '변위 전류(displacement current)'라는 혁신적인 개념을 도입하여 전자기 이론을 완성했다. 이 통합된 이론의 가장 중요한 성과는 빛의 속도로 전파되는 전자기파의 존재를 수학적으로 예측한 것이었다. GPR은 바로 이 19세기의 위대한 이론적 발견이 20세기에 이르러 공학적으로 구현된 기술적 실체라고 할 수 있다. GPR 탐사 과정 전체는 맥스웰 방정식으로 기술되는 복잡한 경계값 문제(boundary-value problem)로 정의될 수 있다. 송신 안테나에서 발생한 전자기 펄스가 지표 하부 매질로 전파되고, 전자기적 물성이 다른 경계면에서 반사 및 굴절을 겪은 후, 수신 안테나로 되돌아오는 일련의 현상들은 모두 이 방정식들의 해(solution)에 해당한다. 실제 현장에서 마주하는 복잡한 지질 구조에 대해 이 방정식들의 해석적 해를 구하는 것은 거의 불가능하다. 이러한 이유로 유한차분 시간영역(Finite-Difference Time-Domain, FDTD) 법과 같은 수치 모델링 기법이 개발되었으며, 이는 맥스웰 방정식을 이산화된 시공간 격자상에서 수치적으로 풀어 GPR 전파를 시뮬레이션하는 강력한 도구로 활용된다. 맥스웰 방정식의 진정한 힘은 현상을 기술하는 것을 넘어 예측하는 능력에 있다. 이 방정식들은 시간에 따라 변하는 전기장과 자기장이 서로를 생성하며 공간으로 퍼져나가는 파동의 개념을 내재하고 있다. 패러데이 법칙은 변화하는 자기장이 전기장을 유도한다고 설명하고, 앙페르-맥스웰 법칙은 변화하는 전기장이 자기장을 유도한다고 설명한다. 이 두 법칙은 서로 맞물려 있는 인과적 고리를 형성한다. GPR 송신 안테나에서 시간적으로 빠르게 변하는 전류는 주변 공간에 변화하는 자기장을 생성한다. 패러데이 법칙에 따라, 이 변화하는 자기장은 다시 변화하는 전기장을 유도한다. 앙페르-맥스웰 법칙에 따라, 새로 생성된 변화하는 전기장은 그 주변에 또 다른 변화하는 자기장을 유도한다. 이처럼 전기장과 자기장이 서로를 연속적으로 생성하며 원천으로부터 멀리 퍼져나가는 과정이 바로 전자기파의 전파 메커니즘이다. 만약 이 두 장(field)이 통일된 상호작용 시스템을 이루지 않았다면, 에너지는 안테나 주변에 국소적으로 머물렀을 것이고 GPR과 같은 원거리 탐사는 원리적으로 불가능했을 것이다.

1.2.2 맥스웰 방정식 세부 법칙

맥스웰 방정식은 네 개의 개별적인 법칙으로 구성되며, 각각은 전자기장의 특정 측면을 설명한다. 이 네 법칙이 유기적으로 결합하여 전자기파의 거동을 완벽하게 기술한다.

A. 패러데이 유도 법칙(Faraday's Law of Induction)

: $\nabla \times \vec{E} = -\frac{\partial \vec{B}}{\partial t}$

패러데이 유도 법칙은 시간에 따라 변화하는 자기장($\partial \vec{B}_{\overline{\partial t}}$)이 공간적으로 회전하는(curl, $\nabla\times$) 전기장(E)을 생성함을 의미한다. 즉, 자기장의 시간적 변화가 전기장의 공간적 변화를 유발한다.

GPR과의 관련성 측면에서, 이 법칙은 전자기파 생성의 핵심 원리이다. GPR 송신 안테나에 흐르는 고주파의 교류 전류는 안테나 주위에 급격히 변화하는 자기장을 형성한다. 패러데이 법칙에 따라, 이 변화하는 자기장은 다시 변화하는 전기장을 유도하여 전자기파의 전기장 성분을 만들어낸다. 이렇게 생성된 전기장과 자기장 쌍이 매질 속으로 전파되는 것이다. 수신 과정은 이 원리의 역순으로 일어난다. 지표 하부에서 반사되어 돌아온 전자기파의 변화하는 자기장이 수신 안테나 내부에 전류를 유도하고, 이 유도 전류가 전압 신호로 측정되어 GPR 데이터로 기록된다.

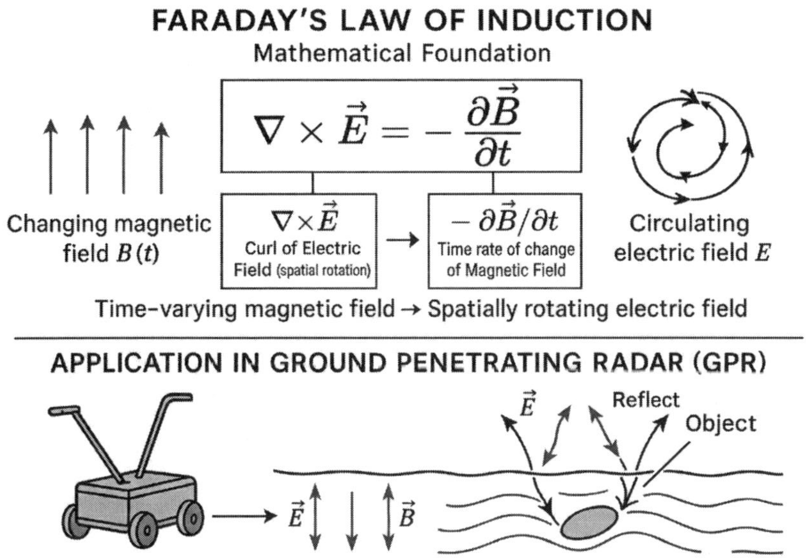

〈그림 1.1〉 패러데이 유도 법칙

B. 앙페르-맥스웰 법칙(Ampere-Maxwell Law)

: $\nabla \times \vec{H} = \vec{J} + \frac{\partial \vec{D}}{\partial t}$

앙페르-맥스웰 법칙은 자기장(H)을 생성하는 두 가지 원천을 설명한다. 첫 번째는 전하의 실제 흐름인 전도 전류(J)이고, 두 번째는 시간에 따라 변화하는 전기 변위장($\partial \vec{D}/\partial t$), 즉 맥스웰이 제안한 변위 전류이다.

GPR에서 이 법칙의 중요성은 변위 전류 항에 있다. GPR 탐사의 주 대상인 토양, 암석, 콘크리트와 같은 매질은 대부분 전도전류(J)가 매우 작은 절연체 또는 반도체에 가깝다. 이러한 저손실 매질에서는 변위 전류 항이 자기장 생성의 지배적인 요인이 된다. 맥스웰이 이 항을 추가함으로써 패러데이 법칙과의 대칭성이 완성되었고, 전도 전류가 없는 진공이나 이상적인 절연체 내에서도 전기장과 자기장이 서로를 유지하며 전파되는 파동의 개념이 확립될 수 있었다.

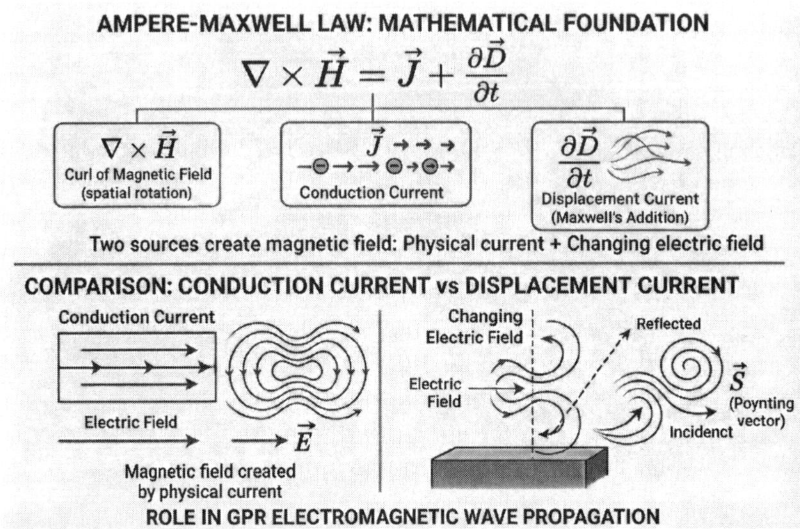

〈그림 1.2〉 앙페르-맥스웰 법칙

이 법칙은 전자기파가 소멸하지 않고 어떻게 먼 거리를 전파할 수 있는지를 설명하는 이론적 근거를 제공한다. 기존의 앙페르 법칙($\nabla \times \vec{H} = \vec{J}$)은 정상 전류(steady current)에만 적용 가능했으며, 축전기(capacitor)의 극판 사이처럼 전하의 직접적인 이동이 없는 공간을 전자기 신호가 어떻게 통과하는지 설명하지 못했다. 맥스웰은 변화하는 전기장($\partial \vec{D}/\partial t$)이 실제 전류와 동일하게 자기장을 생성할 수 있다고 가정함으로써 이 문제를 해결했다. GPR 파동의 전파 과정에서, 끊임없이 변화하는 전기장은 변위 전류로서 작용하여 자기장을 생성한다. 이렇게 생성된 변화하는 자기장은 다시 패러데이 법칙에 의해 새로운 전기장을 생성한다. 이처럼 변위 전류 항은 전자기파의 자기 유지(self-sustaining) 전파 메커니즘의 인과적 고리를 완성하는 핵심 연결고리 역할을 한다.

C. 가우스 법칙(전기)(Gauss's Law for Electricity)

$$: \nabla \cdot \vec{D} = \rho$$

전기에 대한 가우스 법칙은 전기 변위장의 발산(divergence)이 그 지점의 전하 밀도(ρ)와 같다는 것을 의미한다. 쉽게 말해, 전기장은 양(+)전하에서 시작하여 음(-)전하에서 끝나며, 전하가 없는 공간에서는 전기장이 끊기거나 생성될 수 없다는 것이다.

GPR 탐사 대상인 대부분의 지질 매질은 거시적으로 전기적 중성상태($\rho \approx 0$)이다. 하지만 이 법칙은 GPR에서 가장 중요한 물성인 유전율(permittivity)의 근본적인 개념을 이해하는 데 필수적이다. GPR 파동의 전기장이 매질을 통과할 때, 매질을 구성하는 원자나 분자 내의 전하들이 미세하게 분리되는 현상, 즉 분극(polarization)이 일어난다. 이 분극 현상은 외부 전기장에 반대하는 방향의 내부 전기장을 생성하는데, 매질이 분극되는 정도를 정량적으로 나타내는 물리량이 바로 유전율이다.

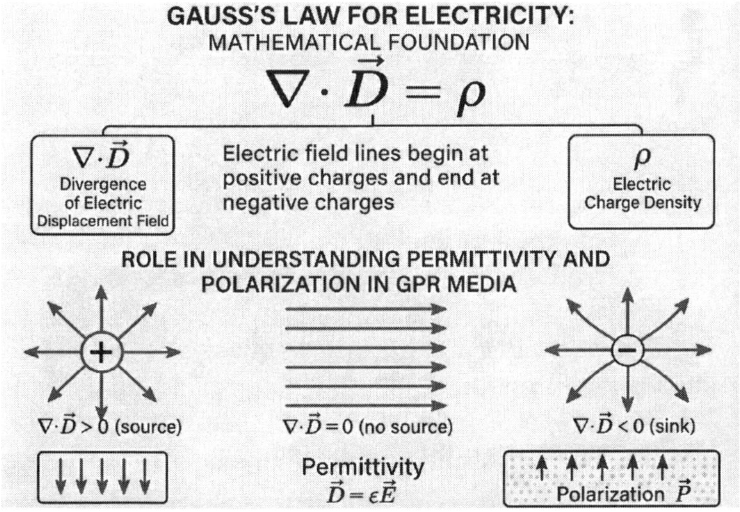

〈그림 1.3〉 가우스 법칙(전기)

D. 가우스 법칙(자기)(Gauss's Law for Magnetism)

$$: \nabla \cdot \vec{B} = 0$$

자기에 대한 가우스 법칙은 자기장(B)의 발산이 항상 0이라는 것을 나타낸다. 이는 자연계에 독립된 N극 또는 S극, 즉 자기 단극자(magnetic monopole)가 존재하지 않는다는 물리적 사실의 수학적 표현이다.

이 법칙의 직접적인 결과는 자기력선이 항상 시작도 끝도 없는 닫힌 곡선(closed loop)을 형성해야 한다는 것이다. 이는 전하에서 시작하고 끝나는 전기력선과 근본적인 차이를 보인다. 이 원리는 GPR 전자기파의 자기장 성분이 가지는 기하학적 구조를 규정하며, 파동의 형태를 이해하는 데 중요한 제약 조건으로 작용한다.

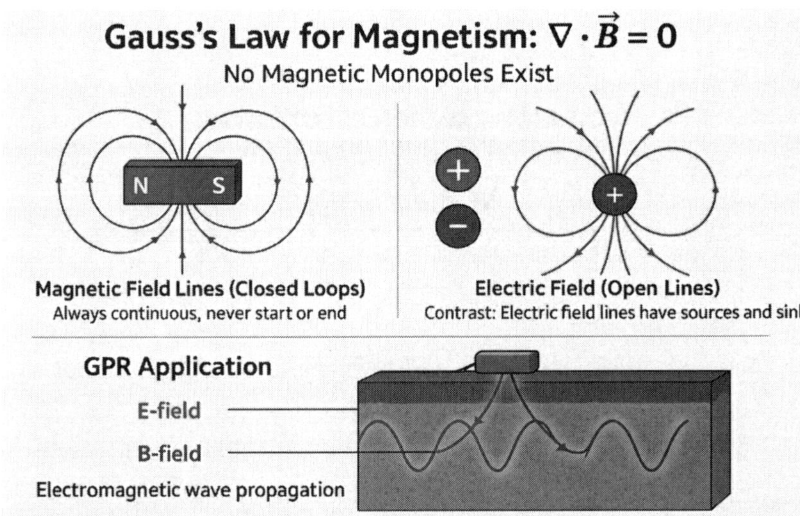

〈그림 1.4〉 가우스 법칙(자기)

1.2.3 구성 관계식과 GPR 매질 특성

맥스웰 방정식은 모든 매질에 보편적으로 적용되는 법칙이지만, 방정식 자체만으로는 특정 물질 내에서 전자기파가 어떻게 거동할지 알 수 없다. 맥스웰 방정식의 추상적인 장 벡터들(E, B, H, D)을 실제 매질의 측정 가능한 물리적 특성과 연결해주는 다리 역할을 하는 것이 바로 구성 관계식(constitutive relations)이다. 이 관계식들은 GPR 신호의 전파 특성을 결정하는 세 가지 핵심 매질 물성, 즉 유전율(ε), 전기 전도도(σ), 투자율(μ)을 정의한다.

$$D=\varepsilon E,\ B=\mu H,\ J=\sigma E \text{(옴의 법칙)}$$

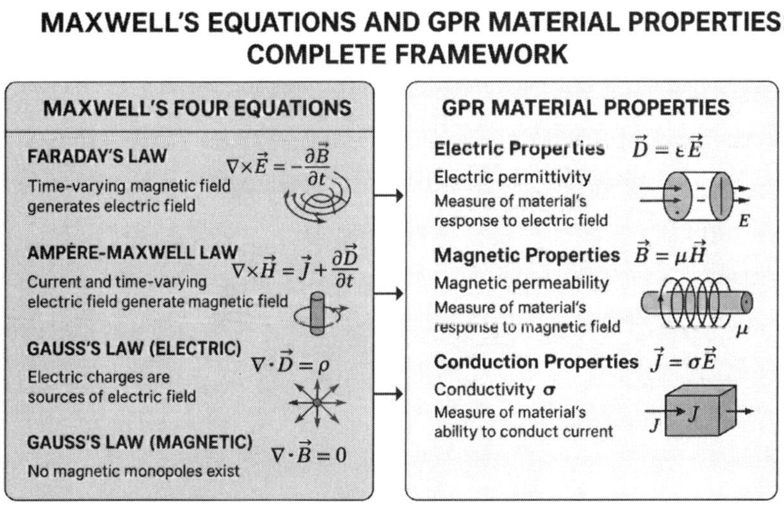

〈그림 1.5〉 맥스웰 방정식과 GPR 매질 특성

A. 유전율(Dielectric Permittivity, ε)

유전율은 외부 전기장 하에서 물질이 전기 에너지를 저장하는 능력을 나타내는 척도이다. 이는 물질이 전기적으로 얼마나 잘 분극되는지를 정량화한 값이다. GPR 주파수 대역(수십 MHz ~ 수 GHz)에서는 여러 분극 메커니즘 중에서도 특히 물(H_2O)과 같이 영구적인 쌍극자 모멘트를 가진 분자들이 전기장에 맞춰 회전하는 배향 분극(orientational polarization)이 지배적인 역할을 한다.

실제 GPR 분석에서는 진공의 유전율에 대한 상대적인 값인 비유전율(relative permittivity, $\epsilon_r = \epsilon/\epsilon_0$)이 주로 사용된다. 비유전율은 단위가 없는 무차원 수이며, 주요 물질의 대표적인 값은 다음과 같다: 공기($\epsilon_r \approx 1$), 순수한 물($\epsilon_r \approx 80 \sim 81$), 대부분의 건조한 토양 및 암석($\epsilon_r \approx 3 \sim 12$).

물 분자의 비유전율이 일반적인 토양이나 암석 구성 광물에 비해 압도적으로 높다는 사실은 GPR 탐사에서 매우 중요한 의미를 갖는다. 이는 토양이나 암석의 전체 비유전율 값이 함수율(moisture content)에 의해 거의 전적으로 결정된다는 것을 뜻한다. 건조한 모래의 비유전율은 약 3~5에 불과하지만, 물의 비유전율은 80에 달한다. 따라서 토양 내에 소량의 물만 포함되어도, 혼합물의 유효 비유전율은 급격하게 증가한다. GPR 파동의 전파 속도는 비유전율의 제곱근에 반비례($v \approx c/\sqrt{\epsilon_r}$)하므로, 함수율의 작은 변화는 GPR 신호의 전파 시간과 반사 강도에 매우 큰, 즉 쉽게 측정 가능한 변화를 야기한다. 결과적으로 GPR은 지질 자체의 변화보다 그 안에 분포하는 물의 변화를 훨씬 더 민감하게 감지하는 특성을 가진다. 이로 인해 GPR은 지하수면 탐지, 수분 분포 매핑, 물로 채워진 공동 탐사에 매우 효과적인 도구가 되지만, 동시에 미세한 암상 변화가 함수율 변화에 의해 완전히 가려지는 해석의 모호성을 낳기도 한다.

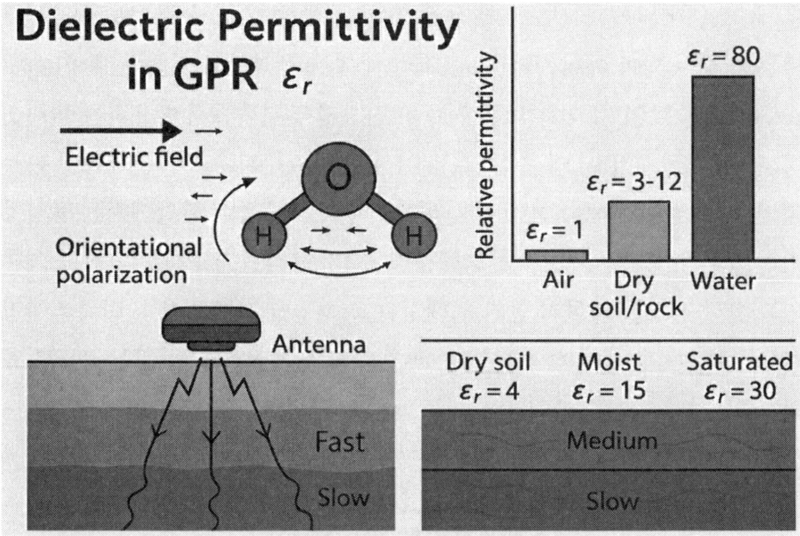

〈그림 1.6〉 유전율 특성

B. 전기 전도도(Electrical Conductivity, σ)

전기 전도도는 전기장의 영향하에서 물질 내 전하가 얼마나 쉽게 이동할 수 있는지를 나타내는 척도이다. GPR에서 전기 전도도는 신호 감쇠(attenuation), 즉 에너지 손실의 주된 원인으로 작용한다. 전도성 매질을 통과하는 전자기파의 전기장은 매질 내 자유 전하를 움직여 전류를 발생시킨다. 이 과정에서 전자기 에너지가 열에너지(ohmic loss)로 변환되어 신호의 진폭이 급격히 감소하며, 이는 GPR의 탐사 심도를 제한하는 가장 중요한 요인이 된다.

매질 내에서 전자기장의 거동은 변위 전류와 전도 전류의 상대적인 크기, 즉 손실 탄젠트(loss tangent)로 표현되는 비율($\sigma/\omega\varepsilon$)에 의해 결정된다. 여기서 ω는 각주파수($\omega = 2\pi f$)이다. 주파수가 높고 전도도가 낮은 저손실 매질($\omega\epsilon \gg \sigma$)에서는 변위 전류가 지배적이 되어 에너지가 파동의 형태로 효율적으로 전파된다. 이것이 GPR이 작동하는 '파동 영역(wave regime)'이다. 반대로, 주파수가 낮거나 전도도가 높은 고손실 매질($\omega\epsilon \ll \sigma$)에서는 전도 전류가 지배적이 되어 에너지가 짧은 거리 내에서 급격히 소멸하는 '확산(diffusion)' 거동을 보인다. 이는 다른 저주파 전자기 탐사법에서 이용하는 원리이다. 이 관계는 GPR이 왜 수십 MHz 이상의 높은 주파수를 사용해야만 하는지, 그리고 점토나 해수 침투 지역과 같이 전도도가 높은 환경에서는 탐사가 어려운 이유를 근본적으로 설명해준다. GPR이 파동으로서 전파하고 의미 있는 반사 신호를 되돌려 받기 위해서는 $\omega\epsilon \gg \sigma$ 조건이 반드시 만족되어야 하며, 이는 GPR 탐사에 적합한 주파수 대역과 지질 환경을 근본적으로 제약한다.

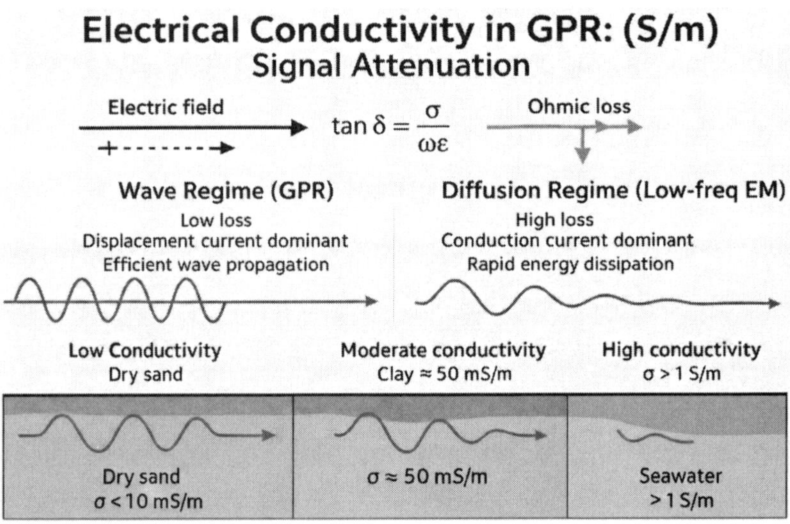

〈그림 1.7〉 전기전도도 특성

C. 투자율(Magnetic Permeability, μ)

투자율은 물질이 자기장 속에서 자화(magnetization)되는 정도를 나타내는 척도로, 자기장을 형성하는 능력을 정량화한 값이다. 비유전율과 마찬가지로, 진공의 투자율(μ_0)에 대한 상대값인 비투자율($\mu_r = \mu/\mu_0$)이 사용된다.

GPR 탐사가 이루어지는 대부분의 지질 환경(토양, 퇴적물, 암석 등)에서 비투자율은 거의 1에 가깝다($\mu_r \approx 1$). 즉, 이들 물질은 자성적 특성이 거의 없어 무시할 수 있다. 이는 GPR 데이터 처리 및 해석 과정에서 일반적으로 통용되는 유효한 가정이다.

하지만 이 가정이 성립하지 않는 중요한 예외 상황들이 있다. 철근, 강철 파이프, 지하 저장 탱크, 불발탄(UXO)과 같은 강자성체(ferromagnetic) 금속 목표물을 탐사할 때는 투자율이 신호에 지배적인 영향을 미친다. 이러한 목표물의 매우 높은 비투자율은 강력한 반사 신호를 생성하며, 파동의 속도와 편광 특성을 현저하게 변화시킬 수 있다. 또한 자철석(magnetite)과 같은 자성 광물이 풍부한 토양 역시 GPR 신호에 영향을 줄 수 있다.

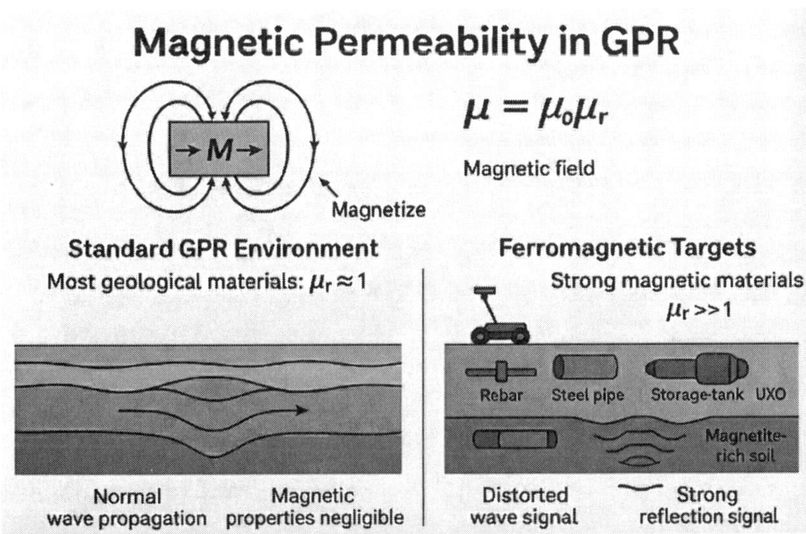

〈그림 1.8〉 투자율 특성

1.2.4 GPR 전파에 대한 매질 특성의 영향

앞서 논의된 개별적인 물리 법칙과 매질 물성들은 종합적으로 작용하여 GPR 파동의 관측 가능한 거동, 즉 속도, 반사, 감쇠를 결정한다. 이는 GPR 레이더그램(radargram)을 해석하는 실질적인 기반이 된다.

A. 파동 속도와 심도 계산

전자기파는 진공에서 광속(약 3×10^8 m/s)으로 전파되지만, 지하 매질에서는 상대 유전율(ε_r)에 의해 속도가 감소한다. 상대 유전율이 클수록 전자기파는 느리게 이동하며, 이는 다음 식으로 표현된다.

$$v = \frac{c}{\sqrt{\varepsilon_r}}$$

- v: 매질 내 전자기파 속도 (m/s)
- c: 진공에서의 빛의 속도 (약 3×10^8 m/s)
- ε_r: 매질의 상대 유전상수

상대 유전율은 매질이 전기장을 저장하는 능력을 나타내며, 물질의 종류나 상태(건조, 습윤 등)에 따라 값이 크게 달라진다.

예를 들어, 공기 중에서 광속으로 전파되던 전자기파는 물과 같은 높은 상대 유전율($\varepsilon_r = 81$)을 가진 매질을 만나면 속도가 약 1/9 수준으로 감소한다. 지하 환경에서는 이러한 유전율 차이에 의해 매질 간 전자기파 속도가 달라지고, 이로 인한 임피던스 불일치(Impedance Mismatch)가 경계면에서 반사 신호를 발생시킨다. GPR은 이러한 반사 신호를 기반으로 지하 구조의 경계면을 탐지한다.

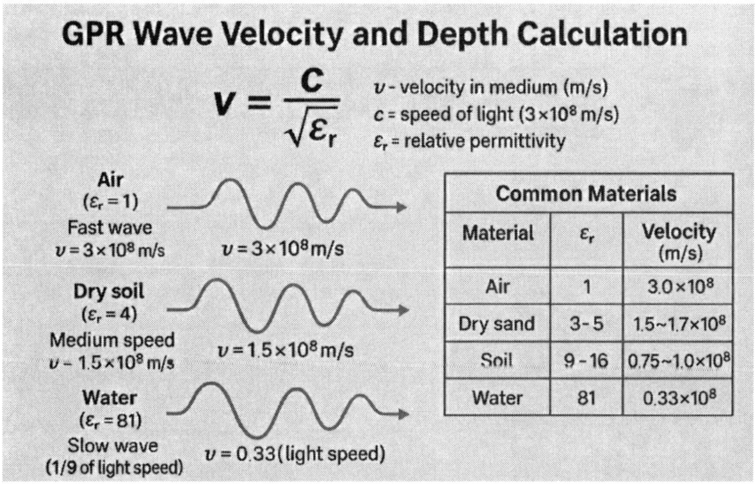

〈그림 1.9〉 GPR 파동속도 및 심도 계산

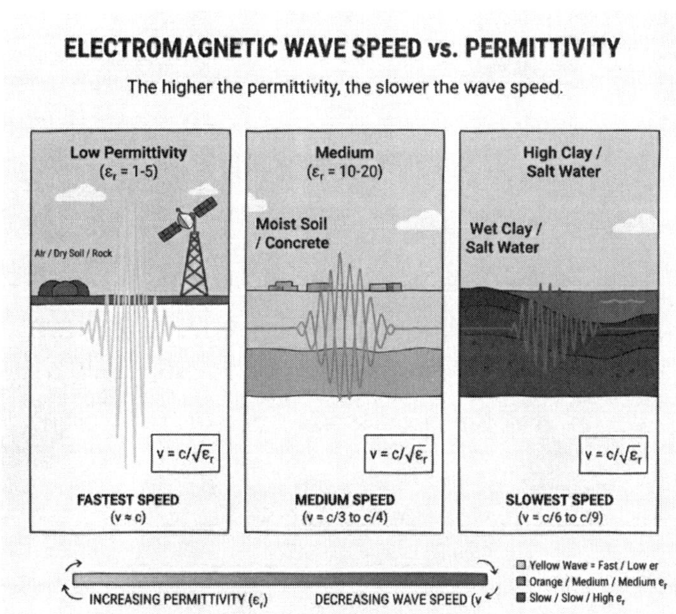

〈그림 1.10〉 유전율에 따른 전자기파 속도 변화

〈표 1.1〉 매질에 따른 유전상수 및 이에 따른 전자파 속도(Reynolds, 1997)

구성 물질	유전 상수	전자파 속도(m/ns)
공기(진공)	1	0.3
맑은 물	81	0.033
점토	5~40	0.047~0.13
흙(모래질, 건조)	2.5	0.18
흙(모래질, 습윤)	25	0.06
흙(점토질, 건조)	2.4	0.18
흙(점토질, 습윤)	15	0.075
흙(동결)	3~6	0.12~0.16
콘크리트	4~10	0.09~0.12
아스팔트	4~7, (재령 10년 후 6~12)	0.09~0.11 (0.1~0.13)

B. 반사, 굴절 및 투과

GPR은 물체 자체를 '보는' 것이 아니라, 서로 다른 전자기적 물성을 가진 매질들 사이의 '경계면'을 감지한다. GPR 신호의 반사는 경계면 양쪽의 물성 차이, 즉 임피던스 불일치에 의해 발생하며, 반사 신호의 강도는 그 차이(contrast)의 크기에 비례한다. 저손실 비자성 매질에 수직으로 입사하는 파동의 반사 계수(R)는 각 매질의 비유전율로 다음과 같이 근사할 수 있다.

$$R = \frac{\sqrt{\epsilon_{r1}} - \sqrt{\epsilon_{r2}}}{\sqrt{\epsilon_{r1}} + \sqrt{\epsilon_{r2}}}$$

이 식에 따르면, 두 매질의 비유전율 차이가 클수록 반사 계수의 절댓값(|R|)이 커져 레이더그램상에 더 강하고 뚜렷한 반사 신호로 나타난다. 예를 들어, 토양($\epsilon_r \approx 9$)과 공기로 채워진 공동($\epsilon_r \approx 1$) 사이의 경계는 매우 강한 반사

를 일으킨다. 또한, 반사 계수의 부호(+ 또는 -)는 반사파의 위상(polarity)을 결정한다. 파동이 비유전율이 낮은 매질에서 높은 매질로 진행할 때(예: 토양에서 물로), 반사파의 위상은 입사파와 반대가 된다. 이 위상 정보는 경계면 하부 매질의 물성을 추정하는 데 중요한 단서가 된다.

GPR 시스템은 목표물까지의 깊이(d)를 직접 측정하는 것이 아니라, 신호가 송신되어 목표물에서 반사된 후 수신될 때까지 걸리는 왕복 주행 시간(t)만을 측정한다. 측정된 시간은 다음의 관계식을 통해 심도로 변환된다.

$$d = \frac{V \times t}{2}$$

이 식은 GPR 심도 추정의 정확도가 전적으로 매질의 전파 속도(V), 즉 비유전율(ϵ_r) 추정치의 정확도에 의존함을 명확히 보여준다. 따라서 쌍곡선 분석(hyperbola fitting)과 같은 속도 분석 기법은 GPR 자료 처리에서 매우 중요한 과정이다.

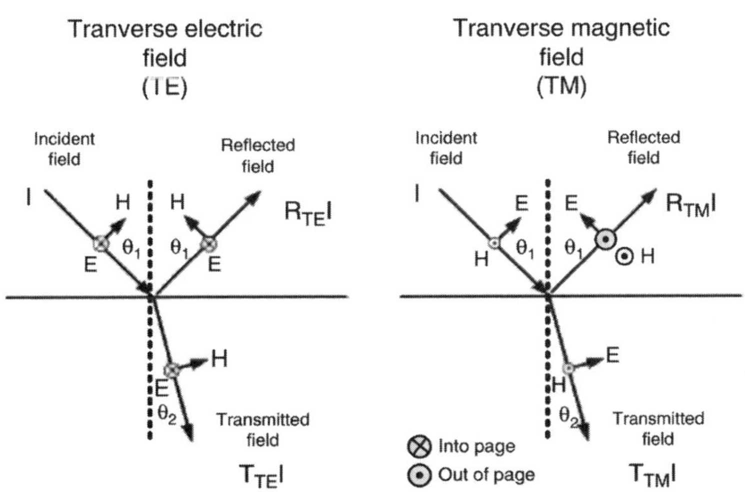

〈그림 1.11〉전자기파(EM)의 횡파 벡터 파동장

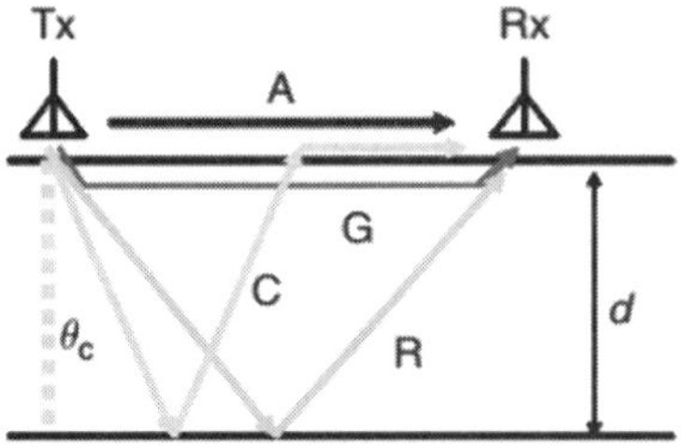

〈그림 1.12〉전자파의 직접파, 반사파, 굴절파 모식도

C. 감쇠 및 투과 깊이

GPR 탐사에서 전자기파의 감쇠를 유발하는 주요 물리적 요인은 매질의 전기전도도(Electrical Conductivity, σ)이다. 전기전도도가 높을수록 매질 내 자유 전자의 밀도가 커지며, 전자기파 에너지가 열 에너지로 빠르게 전환된다. 이로 인해 전자기파는 매질 내부를 충분히 투과하지 못하고, 짧은 거리에서 급격히 약해진다.

특히, 수분을 다량 포함한 점토질 지반이나 염분이 축적된 지역처럼 고전도성 매질에서는 전자기파의 감쇠가 매우 크게 발생한다. 이러한 환경에서는 GPR 신호가 지표면에서 비교적 가까운 깊이에서 대부분 소실되어, 투과 심도가 제한되고 반사 신호의 품질도 현저히 저하된다. 따라서 이러한 매질에서는 심부 지층 구조 탐사나 미세 구조 탐지가 어렵다.

반면, 건조한 모래층이나 조밀한 암반처럼 전기전도도가 낮은 매질에서는 자유 전자의 이동이 제한적이므로 에너지 손실이 적다. 이러한 저전도성 매질에서는 전자기파가 상대적으로 깊은 곳까지 도달하며, 반사 신호의 강도도 유지되어 탐사 깊이와 신뢰도가 높아진다.

결과적으로 매질의 전기적 특성, 특히 전기전도도는 GPR 탐사의 탐사 깊이와 데이터 품질을 결정하는 핵심 요소이다. 전기전도도는 일반적으로 mS/m 단위로 표현되며, 값이 클수록 전자기파의 감쇠가 커진다. 또한 동일한 매질에서도 주파수가 높을수록 신호 감쇠가 더 빠르게 발생하여, 고주파 탐사에서는 전도도의 영향이 더 크게 나타난다.

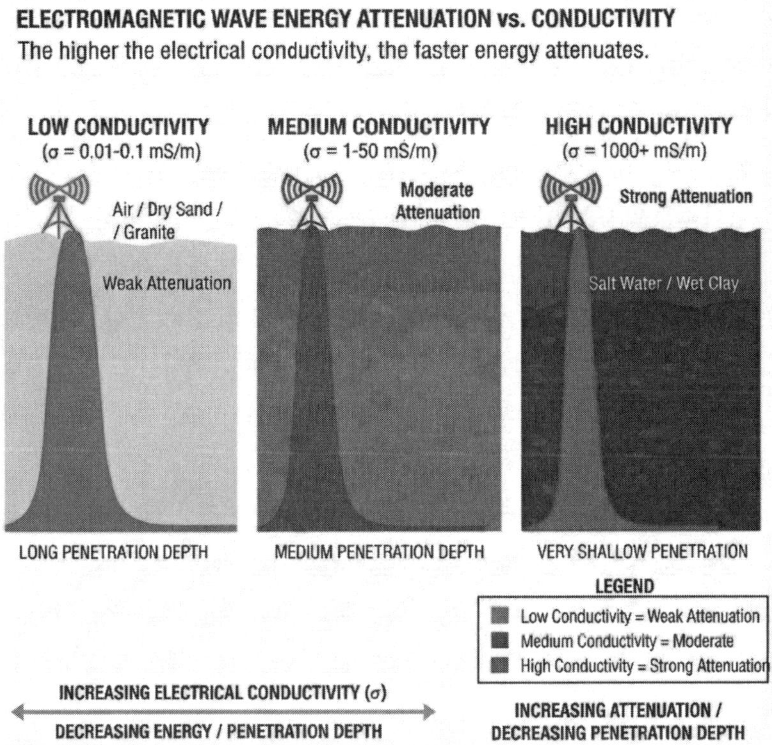

〈그림 1.13〉 전기전도도에 따른 전자기파 에너지 감쇠

즉 GPR 탐사 설계 시에는 분해능(resolution)과 탐사 심도(penetration depth) 사이에 피할 수 없는 상충 관계(trade-off)가 존재한다. 분해능은 파동의 파장(λ)에 비례하며, 더 작은 목표물이나 얇은 층을 구분하기 위해서는 더 짧은 파장이 필요하다. 파장과 주파수(f)는 $\lambda = V/f$의 관계에 있으므로, 높은 분해능을 얻기 위해서는 높은 주파수의 안테나를 사용해야 한다. 그러나 전자기 에너지의 감쇠는 주파수에 의존하여, 일반적으로 주파수가 높을수록 매질에

의한 에너지 손실이 더 빠르게 일어난다. 결과적으로, 고주파 안테나는 얕은 심도에서 높은 해상도의 영상을 제공하는 반면, 저주파 안테나는 분해능을 희생하는 대신 더 깊은 심도까지 신호를 투과시킬 수 있다. 따라서 GPR 실무자는 탐사 목적과 대상 지역의 지질학적 특성을 고려하여 분해능과 탐사 심도 사이에서 최적의 균형을 이루는 안테나 주파수를 신중하게 선택해야 한다.

또한 GPR 시스템에서 사용되는 안테나는 다양한 주파수 대역을 가지며, 이 주파수는 탐사의 해상도와 가능한 탐사 깊이를 결정하는 핵심 요소이다.

고주파 대역의 안테나는 얕은 깊이의 소규모 구조물을 세밀하게 탐지하는 데 적합하다. 이 경우 탐사 해상도는 매우 높지만, 신호의 감쇠가 빠르게 발생하여 깊이 탐사가 제한적이다. 이러한 고주파 안테나는 도로 포장층의 상태 조사나 콘크리트 내부 철근 탐사와 같은 얕은 구조물 탐사에 주로 사용된다.

반대로 저주파 대역의 안테나는 파장이 길어 에너지 손실이 적고, 비교적 깊은 지층까지 탐사가 가능하다. 그러나 파장이 길기 때문에 해상도는 낮아지며, 작은 규모의 구조물 구분에는 한계가 있다. 저주파 안테나는 주로 지질 구조 해석이나 지하 공동(싱크홀) 탐사 등 깊은 지층의 대규모 구조를 탐지하는 데 활용된다.

이처럼 GPR 탐사의 해상도와 탐사 깊이는 안테나 주파수 선택에 따라 상충 관계를 가지므로, 탐사 목적과 대상 구조물의 규모 및 깊이를 고려하여 적절한 주파수 대역을 선택하는 것이 중요하다. 깊은 곳까지 탐사가 필요할 경우 저주파를 선택하고, 얕은 깊이에서의 정밀 탐사가 필요할 경우 고주파를 사용하는 것이 일반적인 원칙이다.

〈표 1.2〉 안테나 중심주파수에 따른 가탐심도

안테나 중심주파수	토양에서 가탐심도(m)		암반에서 가탐심도(m)	
	이론	실제	이론	실제
800MHz	0.4~2	1	1~6	1.5
450~500MHz	1~5	1~2	3~10	2~3
250MHz	1~10	2~3	5~15	3~5
100MHz	2~15	3~5	15~25	4~8

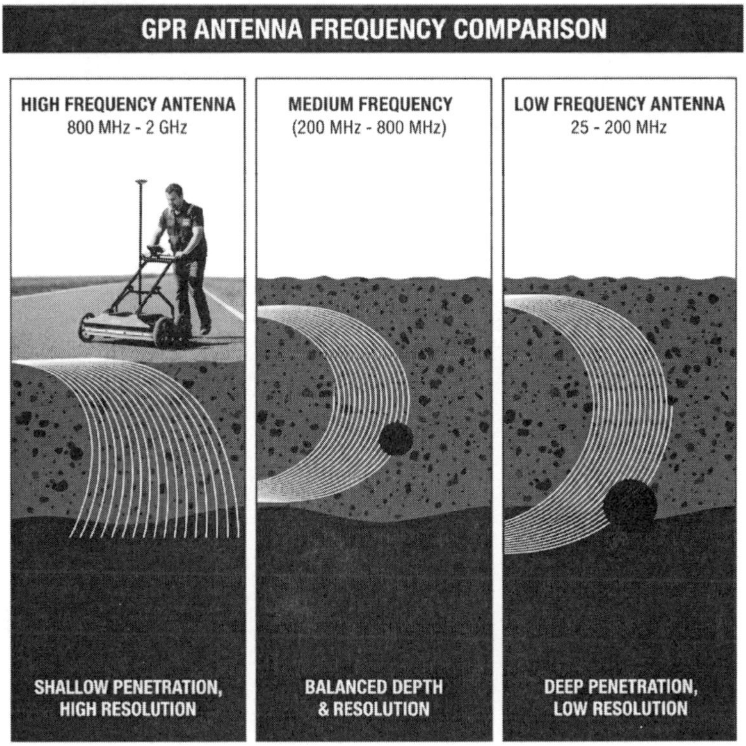

〈그림 1.14〉 GPR 안테나 주파수별 투과심도 및 해상도 비교

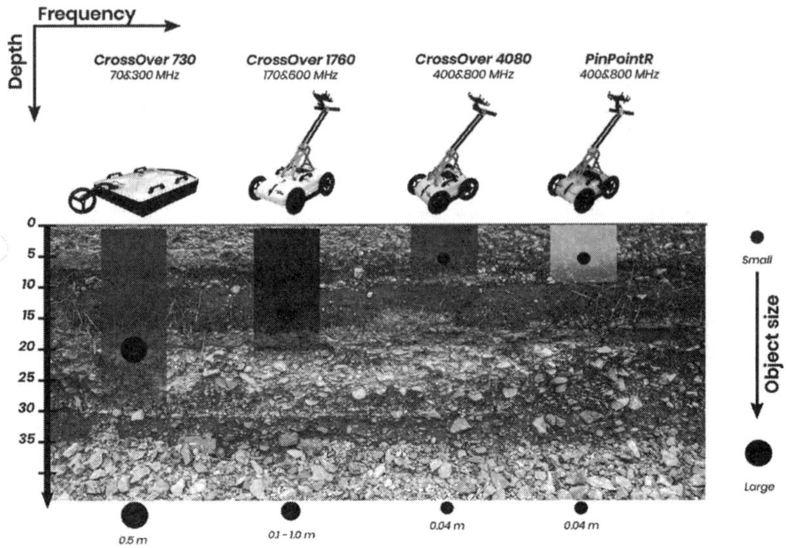

〈그림 1.15〉 안테나 주파수별 비교(impulse RADAR, Sweden)

1.3 GPR 시스템 구성 요소

GPR 시스템은 지하 구조물이나 매질 경계면에서 반사되는 전자기파를 송수신하고, 이를 분석 가능한 데이터로 변환하는 탐사 장비이다. 주요 구성 요소로는 제어 장치(Control Unit), 안테나(Antenna), 그리고 보조 장비가 있으며, 이들은 상호 유기적으로 연동하여 지하 탐사를 수행한다.

1.3.1 제어 장치

제어 장치는 GPR 시스템의 중심 제어 및 데이터 처리 기능을 담당한다. 안테나로 송신할 전자기파 신호의 형태와 송신 타이밍을 설정하고 생성하며, 안테나로부터 수신된 반사 신호를 증폭한 후 아날로그-디지털(A/D) 변환을 통해 디지털 신호로 변환하고 저장한다. 수집된 데이터는 현장에서 레이더그램 형태로 시각화하여 지하 구조의 위치와 형태를 실시간으로 확인할 수 있다. 또한 송·수신 간격, 탐사 모드, 데이터 저장 형식 등 탐사와 관련된 다양한 설정을 관리한다.

1.3.2 안테나

안테나는 전자기파의 송신(Tx) 및 반사파 수신(Rx)을 담당하는 GPR 시스템의 핵심 구성 요소이다. 안테나의 주파수 대역은 탐사 깊이와 해상도를 결정하는 중요한 요소이다. 고주파 안테나는 파장이 짧아 얕은 깊이에 매설된 철근, 전선 등 작고 정밀한 구조물을 탐지하는 데 유리하다. 다만 신호 감쇠가 빨라 탐사 깊이는 수십 센티미터에서 1미터 정도로 제한된다. 주요 활용 분야는 도로 포장층 상태 조사, 콘크리트 내부 철근 탐사, 얕게 매설된 전선 및 관로 탐사 등이다. 반대로 저주파 안테나는 파장이 길어 에너지 손실이 적고 수 미터 이상의 깊은 곳까지 신호가 도달할 수 있으며, 대규모 구조물이나 지질 경계 탐사에 적합하다. 그러나 파장이 길기 때문에 해상도는 낮아지고, 작은 규모의 구조물을 구별하는 데는 한계가 있다. 주요 활용 분야는 지하 공동(싱크홀), 지질 구조, 깊이 있는 매설물 탐사 등이다.

1.3.3 보조 장비

정확한 탐사 거리 측정과 공간 좌표 확보를 위해 다양한 보조 장비가 사용된다.

측정 휠(Measuring Wheel)은 탐사 장비의 이동 거리를 정밀하게 측정하여 레이더그램의 가로축(거리 좌표)을 결정한다. 측정 정확도가 낮아지면 반사체의 위치 및 크기 해석에 직접적인 오류가 발생할 수 있다.

카트(Cart)와 하네스(Harness)는 탐사 장비의 운반 및 안정화를 위한 장비이다. 카트는 평탄한 지형에서 안테나를 일정한 높이로 유지하며 안정적으로 이동시키는 데 사용되고, 대부분의 지상 탐사에서 활용된다. 하네스는 비탈진 지형, 산지, 장애물이 많은 환경에서 사람이 직접 안테나를 운반하며 탐사할 때 사용된다.

위치 측정 장치는 탐사 경로의 공간 좌표(위도, 경도, 고도)를 기록하여 데이터에 위치 정보를 부여한다. 넓은 지역 탐사에서는 결과를 지도로 시각화하거나 복수의 탐사 데이터를 정확히 통합하는 데 필요하다.

전원 공급 장치는 GPR 시스템의 모든 구성 요소에 전력을 공급하며, 이동성을 위해 주로 충전식 리튬이온 배터리가 사용된다.

(a) 차량형 GPR탐사장비

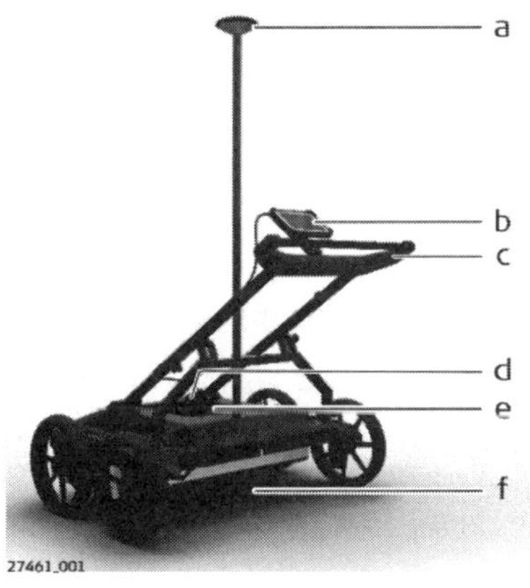

a GNSS antenna pole support
GNSS is not included.
b Laptop holder
PC Laptop is not included.
c Handle and rudder
d Stream DP main body
Including frame, wheel encoders (two), wheels (four big wheels and two pivoting wheels)
e Antenna top with battery compartment
Battery charger comes in a separate box.
f Antenna bottom with replaceble sledge

(b) 핸디형 3D GPR탐사장비

〈그림 1.16〉 GPR장비 구성 요소(IDS GeoRadar, Italy)

1.4 GPR 운용 방식 및 장비 구성

GPR 탐사는 지하 구조물의 형태와 분포를 영상화하기 위해 다양한 방식으로 운용된다. 탐사 목적, 지형 조건, 작업 범위 등을 종합적으로 고려하여 탐사 경로 설계 방식, 장비 구성 형태, 운용 장비 형태에 따라 적절한 방식을 선택한다.

GPR 운용 방식은 크게 세 가지로 분류할 수 있다. 탐사 경로에 따른 분류(단면 탐사(2D Survey), 격자 탐사(3D Survey)), 장비 구성에 따른 분류(단채널 탐사(Single-channel Survey), 다채널 탐사(Multi-channel Survey)), 운용 장비 형태에 따른 분류(핸디형 GPR, 차량형 GPR)이다. 이러한 방식들은 탐사 환경과 목적에 맞춰 조합하여 적용된다.

1.4.1 탐사 경로에 따른 분류

단면 탐사는 GPR 탐사의 기본적인 운용 방식으로, 하나의 측선을 따라 안테나를 이동시키며 연속적인 데이터를 획득하는 방법이다. 이 방식은 도로 하부의 공동이나 매설된 파이프·케이블처럼 선형 구조물을 신속하게 탐지하거나, 특정 구간의 지층 구조를 빠르게 파악할 때 효과적이다. 탐사 절차가 간단하고 이동이 자유로워 넓은 지역을 빠르게 정찰하거나 초기 탐사 단계에서 널리 사용된다. 다만 단일 측선 정보만으로는 지하 구조물의 전체 형태나 공간적 분포 범위를 완전히 파악하기 어렵다는 한계가 있다.

격자 탐사는 보다 정밀한 지하 구조 파악을 위해 탐사 구역을 바둑판처럼 가로·세로 방향으로 격자 형태의 측선을 설정하고, 모든 측선을 따라 데이터를 획득하는 방법이다. 이 방식은 유적지, 오염 지역, 복잡한 매설물 분포 구역 등에서 전체 지하 구조를 입체적으로 이해해야 할 때 사용된다. 수집된 데이터는 3차원 입체 자료로 변환할 수 있으며, 이를 기반으로 특정 깊이의 평면도(Depth Slice)를 생성하거나 3차원 영상으로 재구성하여 지하 구조물의 위치와 형태를 직관적으로 확인할 수 있다. 다만 정밀도가 높은 대신 측선 수가 많아 탐사 시간과 작업량이 크게 증가한다.

1.4.2 장비 구성에 따른 분류

단채널 탐사는 하나의 송신 및 수신 안테나 쌍으로 탐사를 수행하는 방식이다. 장비 구성이 단순하고 이동이 용이하여 좁은 공간이나 복잡한 지형에서 정밀 탐사에 적합하다. 하지만 한 번에 하나의 측선만 탐사할 수 있어 넓은 지역을 조사할 경우 시간이 오래 걸리며, 데이터 수집 효율이 낮다. 주로 소규모 지역의 정밀 탐사나 접근이 어려운 구간에서 제한적으로 사용된다.

다채널 탐사는 여러 개의 안테나를 병렬로 배열하여 한 번의 이동으로 다수의 측선을 동시에 탐사하는 방식이다. 도로 포장층 상태 조사, 활주로, 대규모 공공시설 지하 탐사처럼 넓은 지역을 빠르고 고밀도로 조사해야 할 때 사용된다. 데이터의 공간 해상도와 작업 효율성이 크게 향상되지만, 장비 규모가 크고 복잡하여 운용에 제약이 따른다. 주로 평탄한 지형이나 정돈된 구간에서 효율적으로 사용된다.

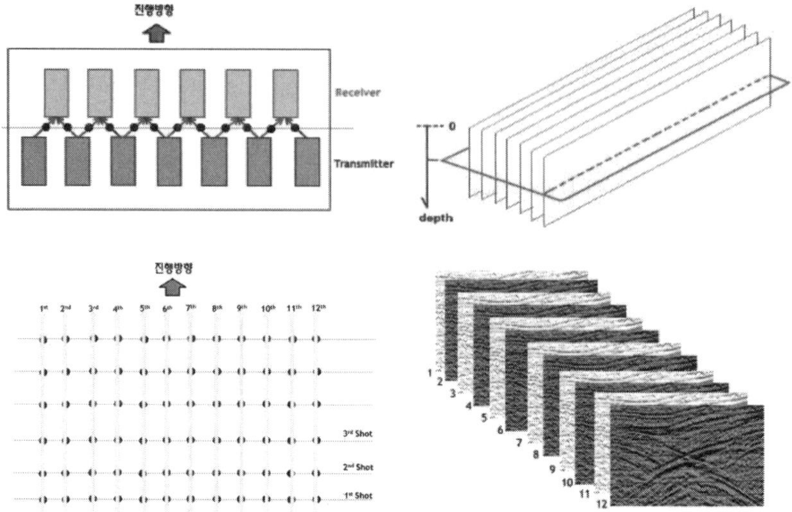

〈그림 1.17〉 멀티채널 모식도 및 단면 예시

1.4.3 운용 장비 형태에 따른 분류

핸디형 GPR은 사람이 직접 장비를 들거나 밀면서 탐사하는 방식으로, 경량화되어 좁은 공간이나 복잡한 지형에서 유리하다. 건물 내부, 인도, 골목길, 산지 등 차량 접근이 어려운 지역에서 활용된다. 이동성이 뛰어나지만 탐사 폭이 좁아 대규모 탐사에는 효율적이지 않다.

차량형 GPR은 차량에 장비를 장착하여 넓은 지역을 빠르게 탐사하는 방식이다. 대부분 다채널 시스템이 사용되며, 도로, 공항 활주로, 산업단지 등 평탄한 지형에서 고속으로 탐사할 때 적합하다. 다만 좁은 공간이나 비포장 지형에서는 운용에 제약이 따른다.

〈그림 1.18〉 핸디형 3D GPR 탐사기

(좌: IDS GeoRadar, Italy, 우: impulse RADAR, Sweden)

〈그림 1.19〉 차량형 3D GPR 탐사기(IDS GeoRadar, Italy)

1.5 GPR 기술 발전 동향

최근 GPR 기술은 인공지능(AI) 중 딥러닝(Deep Learning) 기반 데이터 해석 기술의 발전에 힘입어 탐사 효율과 해석 정확도가 크게 향상되고 있다. 과거에는 전문가의 경험에 크게 의존하던 신호 해석 방식이, 이제는 딥러닝을 활용하여 지하 구조물을 자동으로 식별하고 이상 영역을 탐지하는 방향으로 변화하고 있다.

1.5.1 인공지능 기반 GPR 데이터 해석

GPR 데이터는 노이즈가 많고 복잡한 형태로 수집되며, 해석에는 고도의 전문 지식이 요구된다. 최근 딥러닝 기반의 객체 탐지(Object Detection) 및 분류(Classification) 기술이 GPR 데이터 해석에 적용되면서, 지하 구조물의 특징적인 반사 신호를 자동으로 인식하고 위치를 판별하는 연구가 활발히 진행된다.

이러한 딥러닝 기반 기술은 GPR 탐사 데이터의 분석 시간을 크게 단축하고, 반복적인 해석 작업을 자동화함으로써 인력 의존도를 낮춰 전체 탐사 프로세스의 효율성을 크게 향상시킨다.

〈표 1.3〉 인공지능(AI) 기반 딥러닝 GPR 데이터 해석 과정

구분	주요 내용
데이터 획득 (Data Acquisition)	GPR 장비를 활용하여 레이더그램 데이터를 획득한다.
데이터 전처리 (Preprocessing)	신호 잡음 제거, 시간-깊이 변환, 데이터 정규화, 크기 조정 등 데이터 정제 작업을 수행한다.
데이터 라벨링 (Labelling)	레이더그램상의 목표 구조물(예: 공동, 매설물 등)을 식별하고 라벨링한다.

구분	주요 내용
데이터셋 구축 (Dataset)	객체 탐지 프레임워크 형식으로 데이터를 변환하고, 학습/검증/ 테스트 데이터셋으로 분할한다.
딥러닝 모델 설계 및 학습 (Traiming)	사전 학습된(Pre-trained) 객체 탐지 모델을 기반으로 GPR 데이터에 대한 학습을 수행한다.
모델 검증 및 성능 평가 (Validation)	검증 데이터를 사용하여 모델의 정확도와 신뢰도를 평가하고, 과적합(Overfitting) 여부를 확인한다.
데이터 자동 해석 (Inference)	학습된 모델을 이용하여 신규 GPR 데이터를 자동으로 해석한다.
결과 검토 및 후처리 (Post-processing)	해석 결과를 검토하고 필요한 보정을 거쳐 최종 지하 구조물 정보를 도출한다.

제2장. GPR 데이터 특성과 해석

2.1 GPR 데이터의 구조와 형태

GPR 탐사를 통해 획득하는 데이터는 지하 매질의 전기적 특성 변화를 반영하는 전자기파의 반사 신호로 구성된다. 이 신호들은 시간 영역에서 측정되며, 지하 구조를 시각화하고 해석하는 데 활용된다. GPR 데이터는 그 기본 단위부터 2차원 단면, 그리고 3차원 공간 정보까지 다양한 형태로 표현된다.

2.1.1 1차원 데이터: 트레이스(A-scan)

GPR 탐사에서 얻어지는 가장 기본적인 데이터 단위는 트레이스(Trace) 또는 A-scan(Amplitude Scan)이다. 이는 안테나가 특정한 한 지점에서 신호를 송신하고, 그 반사파를 시간 순서대로 기록한 1차원 파형이다.

A-scan은 세로축이 시간(Two-Way Travel Time, TWT) 또는 변환된 깊이(Depth), 가로축이 신호의 진폭(Amplitude)으로 구성된 그래프 형태이다. 전자기파가 지하를 전파하다가 서로 다른 물질 간의 경계면에서 반사되면, 진폭에 급격한 변화가 나타난다. 반사 경계가 없으면 상대적으로 안정적인 파형이 유지된다.

A-scan 하나는 특정 지점의 수직 방향으로 어떤 깊이에서 전기적 특성 변화가 발생하는지를 보여주는 지하의 수직 정보이다. 그러나 이것만으로는 지하 구조의 전체적인 형태를 파악하기 어렵다. A-scan은 GPR 장비가 현장에서 직접 수집하는 데이터의 최소 단위이며, 다양한 노이즈(Noise)를 포

함하고 있으므로 해석 전에 전처리 과정이 필수적이다.

2.1.2 2차원 데이터: 레이더그램(B-scan)

GPR 탐사의 주요 시각화 형태 중 하나는 레이더그램(Radargram) 또는 B-scan(2D Profile)이다. 이는 안테나를 일정한 측선을 따라 이동시키며 연속적으로 A-scan을 기록하고, 이를 순서대로 나란히 배열하여 만든 2차원 단면 영상이다. B-scan은 GPR 데이터 해석에서 핵심적인 역할을 한다.

레이더그램의 가로축은 안테나가 이동한 거리(측선), 세로축은 신호의 왕복 시간(TWT) 또는 변환된 깊이를 나타낸다. 각 A-scan 파형의 진폭(Amplitude)은 색상 또는 흑백 음영의 강도로 표현된다. 강한 반사는 짙은 색으로, 약한 반사는 옅은 색으로 표시된다.

레이더그램에는 지하 구조물의 형태를 나타내는 몇 가지 특징적인 패턴이 나타난다. 쌍곡선(hyperbola)은 파이프, 암괴, 작은 공동(cavity)처럼 국부적인 점 형태의 물체에서 발생하는 전형적인 신호다. 안테나가 목표물에 가까워질 때 신호의 경로가 짧아졌다가, 다시 멀어지면서 길어지는 기하학적 특성 때문에 쌍곡선 형태로 나타난다. 이 쌍곡선의 꼭짓점은 목표물의 수평 위치와 깊이를 가리킨다.

지층 경계면이나 지하수면처럼 넓게 펼쳐진 면(plane) 구조는 수평 반사면(Horizontal Reflector)으로 나타나며, 레이더그램에서 수평 방향으로 길게 이어지는 띠 모양으로 표현된다. 이는 안테나가 이동해도 반사면까지의 깊이가 거의 일정하기 때문이다. 이러한 반사면의 연속성을 추적하면 지층의 구조를 파악할 수 있다.

B-scan은 도로 하부 공동 탐지, 매설 배관 및 케이블 위치 확인, 지층 단면 구조 분석 등 다양한 토목 및 지반 조사에 널리 활용된다.

2.1.3 3차원 데이터: 볼륨 및 다양한 단면(T-scan) 시각화

2차원 레이더그램이 지하의 한 단면을 보여준다면, 여러 장의 단면도를 겹쳐 쌓아 지하의 3차원 입체 지도를 만들 수 있다. 격자 탐사(Grid Survey)를 통해 얻은 수많은 평행한 레이더그램들을 컴퓨터로 통합하면, 지하의 모든 정보가 담긴 3차원 볼륨 데이터(3D Volume Data)가 생성된다.

C-scan(Depth Slice)은 이 3차원 볼륨 데이터를 수평으로 절단하여 특정 깊이에서의 평면도로 표현한 것이다. C-scan을 통해 특정 깊이에 묻힌 유적의 전체적인 형태나 매설관의 경로를 평면적으로 파악할 수 있으며, 복잡한 유적지 해석이나 오염물질의 3차원 분포 이해에 매우 강력한 도구다.

또한, 3차원 볼륨 데이터는 사용자가 원하는 방향으로 절단하여 횡단면(Transverse Section), 종단면(Longitudinal Section), 또는 임의 단면(Arbitrary Slice)으로 표현할 수 있다. 이러한 단면들은 C-scan과 구분되는 수직 또는 임의 방향의 단면으로, 지하 구조의 형태를 다양한 방향에서 분석하는 데 활용된다. 임의 단면은 실제 지하 구조물이 탐사 측선과 평행하지 않거나 대각선으로 존재할 때 특히 유용하다. 이를 통해 일반적인 B-scan에서 왜곡되어 보이던 비선형적 또는 경사진 구조물을 다양한 각도에서 확인하여 정확한 형태와 깊이를 파악할 수 있다.

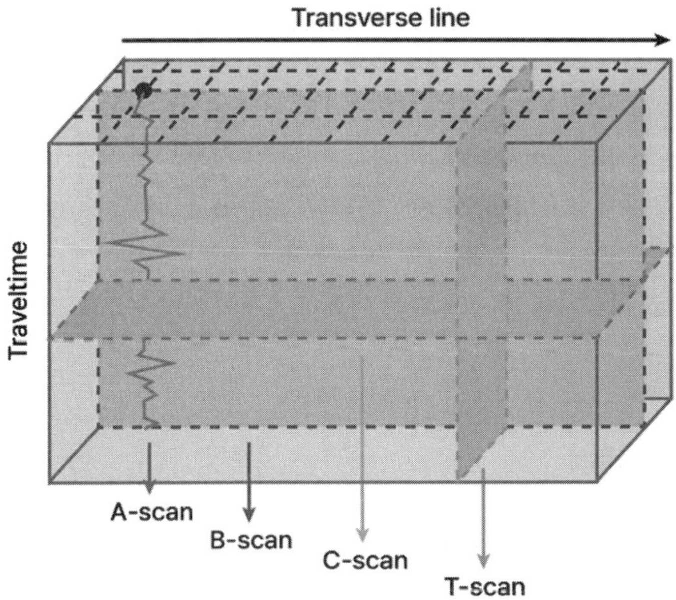

〈그림 2.1〉 GPR data의 A-, B-, C- and T-scan 모식도

2.2 GPR 신호 특성

GPR 안테나에서 송신된 전자기파는 지하 매질을 통과하면서 다양한 형태로 전파되고 반사된다. 이 중 GPR 데이터 해석에 중요한 영향을 미치는 세 가지 주요 신호 특성은 직접파(Direct Wave), 반사파(Reflected Wave), 그리고 회절파(Diffracted Wave)다. 이 신호들은 레이더그램상에서 특징적인 패턴으로 나타나며, 이를 정확히 이해하는 것이 지하 구조물 해석의 핵심이다.

2.2.1 직접파

직접파는 GPR 송신 안테나에서 발사된 전자기파가 지하로 투과하지 않고, 공기 중이나 지표면을 따라 수신 안테나로 직접 도달하는 신호다.

직접파는 공기 중을 통해 수신 안테나로 직접 전달되는 공기파(Air Wave)와, 지표면을 따라 진행하여 수신 안테나에 도달하는 지표파(Surface Wave 또는 Ground Wave)로 구분된다. 전자기파가 공기 중에서 가장 빠르게 전파되므로, 레이더그램상에서 가장 먼저 나타나는 강한 선형 신호다. 레이더그램상에서 거의 수평에 가까운 강한 라인으로 나타나며, 이는 안테나 간 거리가 일정하기 때문에 발생한다.

직접파가 수신되는 시점은 GPR 데이터의 시간 0점(Time-Zero)을 설정하는 기준이 된다. 또한, 직접파의 도달 시간을 통해 전자기파의 지표면 전파 속도를 추정할 수 있으며, 이는 지하 매질의 속도 분석에 간접적으로 활용될 수 있다. 이 신호는 얕은 곳의 유용한 반사 신호를 가려 노이즈로 취급되기도 하지만, 장비 정상 작동 확인의 기준점 역할을 하는 중요한 요소다.

2.2.2 반사파

반사파는 송신된 전자기파가 지하 매질 내부에서 서로 다른 전기적 특성(유전율, 전기전도도)을 가진 경계면(예: 흙과 암반의 경계, 공동의 상부면, 매설된 파이프의 표면)을 만났을 때, 그 경계면에서 반사되어 수신 안테나로 되돌아오는 신호다.

레이더그램 형태는 쌍곡선 패턴과 수평/경사 패턴으로 나타난다. 쌍곡선(hyperbola) 패턴은 파이프, 암괴, 작은 공동처럼 국부적인 점 형태의 물체가 있을 때 나타나는 전형적인 신호다. 안테나가 목표물에 가까워질 때는 신호의 왕복 거리가 길었다가, 목표물 바로 위에 왔을 때 가장 짧아지고, 다시 멀어지면서 왕복 거리가 길어지는 기하학적 경로 변화 때문에 쌍곡선 형태가 된다. 이 쌍곡선의 꼭짓점이 목표물의 정확한 수평 위치와 깊이를 가리킨다.

수평 반사면(Horizontal Reflector)은 지층 경계면이나 지하수면처럼 넓게 펼쳐진 면(Plane) 구조는 레이더그램에서 수평 방향으로 길게 이어지는 띠 모양으로 나타난다. 이는 안테나가 이동해도 반사면까지의 깊이가 거의 일정하기 때문이다. 이 반사면의 연속성을 추적하면 지층의 구조를 파악할 수 있다.

반사파의 진폭은 매질 간의 전기적 특성 차이가 클수록 강하게 나타난다. 반사파는 GPR 데이터 해석의 핵심으로, 지하 공동, 매설물, 지층 경계면 등 주요 지하 구조물의 존재 여부, 깊이, 형태 등을 파악하는 데 사용된다.

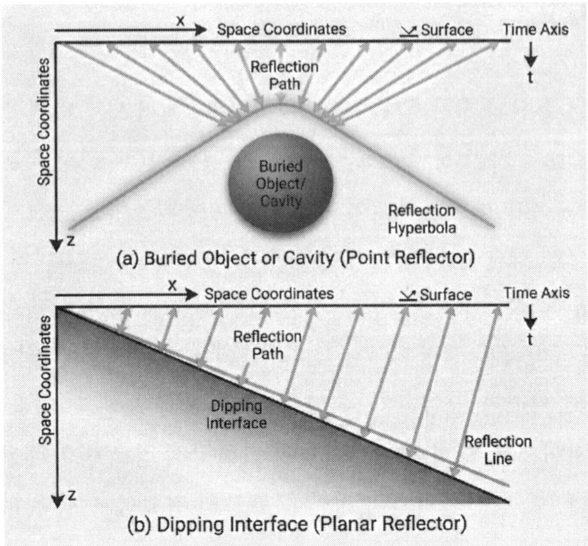

〈그림 2.2〉 반사파의 형태(물리탐사 실무지침, 2002)

2.2.3 회절파

회절파는 전자기파가 지하 매질 내의 불연속적인 점(Point Scatterer)이나 날카로운 모서리(Edge)에 부딪혔을 때, 해당 지점을 새로운 파동의 근원지로 삼아 사방으로 퍼져나가는(회절되는) 신호다.

레이더그램 형태는 회절파 또한 쌍곡선 형태로 나타나지만, 반사파에 비해 진폭이 약하고 형태가 불분명할 수 있다. 이는 주로 매설물의 끝단, 공동의 모서리, 암반의 균열 등 전자기파가 매끄럽게 통과하지 못하는 지점에서 발생한다. 회절파의 존재는 지하에 특정 불연속체가 있음을 시사하며, 이를 통해 매설물의 직경이나 공동의 형태를 추정하는 데 도움을 줄 수 있다. 반사파와 함께 지하 구조물의 위치와 형태를 파악하는 보조적인 역할을 한다. 때로는 노이즈로 오인될 수 있어 주의 깊은 해석이 필요하다.

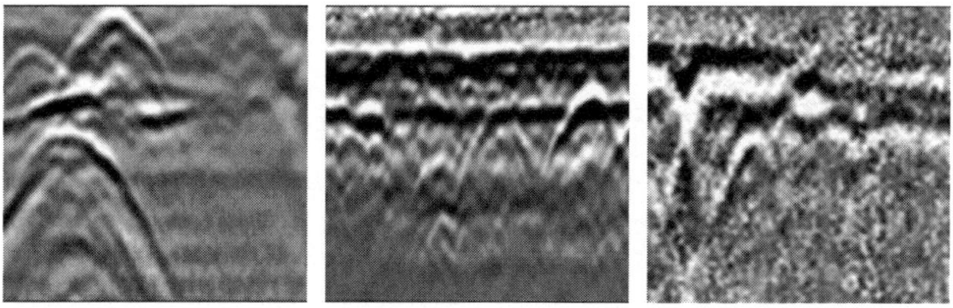

〈그림 2.3〉 회절파의 다양한 형태(기계학습 기반 회절파 분리 적용을 통한 GPR탐사 자료의 도로 하부 공동 및 구조물 탐지 성능 향상, 지구물리와 물리탐사, 2023)

2.3 불필요한 신호 및 노이즈 제거

GPR 탐사에서 획득되는 데이터는 지하 구조물로부터의 유효한 반사 신호뿐만 아니라, 다양한 원인으로 인해 발생하는 불필요한 신호인 노이즈와 아티팩트(Artifact)를 포함하고 있다. 이들은 레이더그램의 가독성을 떨어뜨리고 해석 오류를 유발할 수 있으므로, 정확한 데이터 해석을 위해서는 이들의 특성을 이해하고 적절히 제거하는 것이 필수적이다.

2.3.1 노이즈

노이즈는 외부 환경이나 시스템 자체에서 발생하는 불규칙하고 의미 없는 신호들을 말한다.

노이즈의 원인은 크게 외부 전자기 노이즈(External EM Noise)와 시스템 노이즈(System Noise) / 클러터(Clutter)로 나뉜다. 외부 전자기 노이즈는 주변의 방송 송신탑, 고압 송전선, 통신 장비 등 외부 전자기파의 간섭으로 인해 발생한다. 이런 노이즈는 레이더그램 전체에 걸쳐 수평적인 줄무늬나 불규칙한 점들을 만들어내어 유용한 신호를 식별하기 어렵게 한다. 시스템 노이즈 / 클러터는 GPR 장비 자체에서 발생하는 원치 않는 신호다. 안테나 내부에서 신호가 울리는 현상(Ringing)이나, 케이블 간의 간섭으로 인해 발생하는 신호들이 여기에 해당한다. 특히 이들은 탐사 초반, 즉 얕은 깊이의 데이터에 강하게 나타나 지표면 바로 아래의 중요한 정보를 가려버리는 주요 원인이 되기도 한다.

레이더그램상에서 노이즈는 불규칙한 점, 선, 또는 무작위적인 패턴으로 나타나며, 유효 신호와 구분하기 어려운 경우가 많다. 이는 유효 신호의 가독성을 저해하고, 미세한 지하 구조물을 가려 탐지율을 낮춘다.

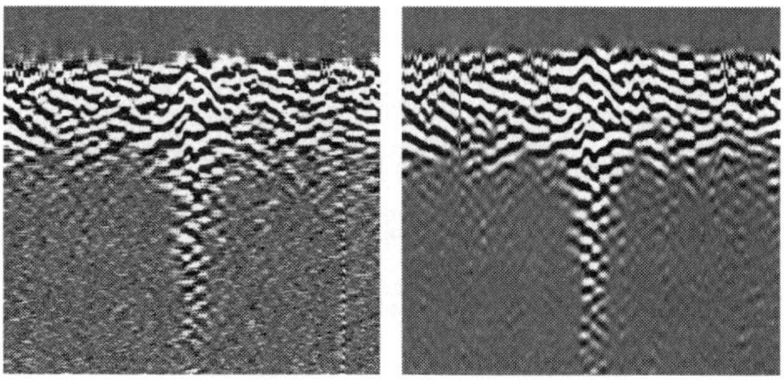

〈그림 2.4〉 노이즈의 형태

2.3.2 아티팩트

아티팩트는 무작위적인 잡음인 노이즈와는 다르다. 이는 실제 물리 현상이나 탐사 환경, 또는 데이터 처리 과정에서 발생하는 비정상적인 반사 신호로, 실제 지하 구조물에서 기인한 것이 아님에도 불구하고 마치 구조물처럼 보이는 패턴이다.

아티팩트의 원인으로는 다중 반사파(Multiples), 공중파 링잉(Airwave Ringing), 측선 외 반사(Off-line Reflection), 그리고 측정 오류 등이 있다. 다중 반사파는 강한 반사면(예: 지표면과 단단한 암반층) 사이에서 진자기파가 여러 번 왕복으로 반사된 후에야 수신기로 돌아올 때 발생한다. 그 결과, 레이더그램에는 실제 반사면의 아래쪽에, 실제 깊이의 2배, 3배가 되는 위치에 동일한 형태의 비유효 반사면이 나타날 수 있다. 공중파 링잉은 GPR 안테나에서 나온 신호가 공기 중으로 퍼져나가 주변의 구조물(건물 벽, 나무 등)이나 탐사 장비 자체에 부딪혀 반사된 후 수신기로 돌아오는 신호다. 이런 신호들은 지하 정보와 무관하지만, 레이더그램에는 대각선이나 평행선 형태의 방해 신호로 기록되어 실제 지하 신호와 혼동을 일으킬 수 있다. 측선 외 반사는 탐사 측선 바로 아래에 있지 않은 측면의 반사체(예: 측선 옆의 큰 매설관)에서 반사된 신호가 레이더그램상에 나타나는 현상이다. 이는 쌍곡선 형태로 나타나 실제 위치보다 얕거나 깊게 오인될 수 있다. 측정 오류는 장비의 오작동, 측정 휠의 미끄러짐, 탐사 속도의 불균일성 등으로 인해 발생할 수 있다.

아티팩트는 노이즈와 달리 일정한 패턴이나 형태를 가지는 경우가 많아, 유효 신호와 혼동하기 쉽다. 이는 실제 지하 구조물로 오인되어 잘못된 해석을 유발할 수 있으며, 불필요한 시추나 굴착으로 이어질 수 있다.

2.4 GPR 데이터의 신호처리 기법

GPR이 수집한 데이터는 우리가 원하는 정보와 함께 앞서 살펴본 노이즈와 아티팩트가 뒤섞여 있다. 신호처리(Signal Processing)는 이 원본 데이터에서 불필요한 잡음과 왜곡을 제거하고, 유용한 신호를 강조하여 레이더그램을 더욱 명확하고 해석하기 쉽게 만드는 과정이다.

2.4.1 시간 영점 보정

GPR 탐사에서 신호가 실제로 땅속으로 들어가기 시작하는 순간, 즉 실제 시간 0점(Time-Zero)은 직접파가 도착하는 시간과 미세하게 다를 수 있다. 시간 0점 보정은 모든 트레이스(A-scan)에서 이 출발점을 정확히 찾아 정렬하는 작업이다. 이 과정이 제대로 이루어져야만 지하 목표물의 깊이를 올바르게 계산할 수 있다.

2.4.2 이득 조절

전자기파는 지하를 전파하면서 에너지를 잃고 급격히 약해진다(감쇠). 이 때문에 깊은 곳에서 반사된 신호는 매우 희미하여 레이더그램에서 거의 보이지 않는다. 이득(Gain) 조절은 이 희미한 신호를 증폭시켜주는 과정이다. 이는 시간(깊이)에 따라 일정한 비율로 신호를 증폭시키는 단순 이득 방식이나, 신호의 세기를 자동으로 감지하여 약한 신호는 강하게, 강한 신호는 그대로 두어 전체적으로 균일한 밝기의 레이더그램을 생성하는 AGC(Automatic Gain Control) 방식으로 수행된다. 이득 조절을 통해 우리는 깊은 곳에 숨어 있던 지층 경계나 이상체 신호를 시각적으로 확인할 수 있게 된다.

2.4.3 신호포화 보정

탐사 신호 중의 초기 시간대에는 지하매질을 전파, 반사된 신호가 아닌 공기를 통해 수신된 직접파가 기록되게 된다. 이러한 공기 중을 통해온 신호는 관심의 대상이 아니므로 제거되어야 하는데 이러한 처리과정을 신호포화 보정이라고 한다.

또한, 직접파와 표면파, 그리고 지표근처 반사물로부터 나타나는 큰 에너지의 입력 때문에 이들이 수신기에서 실제의 반사신호와 합쳐지게 되어 자료의 질을 떨어뜨릴 수도 있는데 이러한 잡음들은 주로 저주파 성분들이므로 신호포화 보정은 고주파통과 필터를 활용하여 수행 가능하다.

2.4.4 필터링

필터링(Filtering)은 우리가 원하는 신호는 통과시키고, 원치 않는 노이즈는 걸러내는 핵심적인 과정이다. 배경 제거는 레이더그램에 나타나는 수평 방향의 줄무늬 노이즈(예: 시스템 노이즈, 외부 전파 간섭)를 제거하는 데 매우 효과적이다. 전체 트레이스들의 평균적인 파형(배경 노이즈)을 계산한 뒤, 각 트레이스에서 이 평균 파형을 빼주는 방식이다. 이 과정만으로도 레이더그램은 훨씬 깨끗해진다. 주파수 필터링은 안테나의 중심 주파수와 비슷한 대역의 유용한 신호만 남기고, 너무 높거나 낮은 주파수의 잡음은 제거한다.

A. 주파수 필터링(Frequency Filtering)

주파수 필터링은 특정 주파수 대역의 신호는 통과시키고 나머지 대역의 신호는 억제하는 방식으로, 데이터의 신호 대 잡음비(Signal-to-Noise Ratio)를 향상시키는 데 사용된다. GPR 데이터는 광대역 신호를 포함하므로, 탐사 목적에 맞는 유효 주파수 대역을 선택하고 불필요한 노이즈를 제거하는 것이 중요하다.

1. 밴드패스 필터(Band-pass Filter)**:** 특정 주파수 범위(passband) 내의 신호만 통과시키고, 그 범위보다 높거나 낮은 주파수의 신호는 모두 제거하는 필터이다. GPR 안테나는 중심 주파수를 기준으로 넓은 대역의 에너지를 방출하므로, 밴드패스 필터를 사용하여 유효 신호가 집중된 주파수 대역만 남기고 외부 노이즈를 효과적으로 억제할 수 있다. 이는 GPR 이미지의 해석 가능성을 높이는 데 중요한 역할을 한다.

2. 하이패스 필터(High-pass Filter / Low-cut Filter)**:** 설정된 차단 주파수(cut-off frequency)보다 높은 주파수의 신호는 통과시키고 낮은 주파수의 신호는 제거한다. 이 필터는 GPR 데이터에서 흔히 발견되는 저주파 노이즈, 특히 '와우(wow)' 현상이나 장비로 인한 드리프트(drift)를 보정하는 데 효과적이다.

3. 로우패스 필터(Low-pass Filter / High-cut Filter)**:** 하이패스 필터와 반대로, 설정된 차단 주파수보다 낮은 주파수의 신호는 통과시키고 높은 주파수의 노이즈를 제거하는 역할을 한다. 이를 통해 고주파 대역에 존재하는 불규칙한 노이즈를 줄여 데이터를 전반적으로 부드럽게 만들 수 있다.

B. 디와우 필터(Dewow Filter)

디와우 필터는 GPR 데이터의 각 트레이스에서 매우 낮은 주파수 성분인 '와우(wow)' 현상을 제거하기 위해 적용된다. '와우'는 주로 초기 수신 신호의 포화나 장비의 유도 결합 효과로 인해 발생하며, 신호의 평균값이 0에서 벗어나 천천히 변동하는 형태로 나타난다.

이러한 저주파 노이즈는 유용한 반사 신호를 가릴 수 있기 때문에 반드시 제거해야 한다. 디와우 필터는 일반적으로 이동 평균(running average)을 이용하거나 하이패스 필터를 적용하여 각 트레이스의 평균을 0으로 맞추고 DC 성분을 제거한다. 이는 GPR 데이터 처리의 가장 기본적인 단계 중 하나로 간주된다.

2.4.5 공간 필터링

공간필터링(Filtering)은 인접 트레이스 간의 관계를 이용하여 신호를 강화하거나 노이즈를 제거하는 기법이다. 주요 공간 필터 종류로는 슬라이딩 윈도우 내의 중간값을 사용하여 스파이크 노이즈를 효과적으로 제거하고 경계면을 보존하는 미디언 필터, 2차원 가우시안 커널로 컨볼루션하여 데이터를 부드럽게 스무딩하는 가우시안 필터, 반사면과 경계를 보존하면서 노이즈만 선택적으로 제거하는 에지 보존 필터 등이 있다.

2.4.6 배경 제거

배경 제거는 GPR 데이터 처리에서 가장 기본적이면서도 효과적인 기법 중 하나로, 측선을 따라 일정하게 나타나는 수평 방향의 노이즈를 제거하는 데 목적이 있다. 이 노이즈는 주로 안테나 송신기와 수신기 사이의 직접적인 전파(direct wave), 지표면을 따라 전파되는 파동(ground wave), 그리고 시스템 자체의 내부 반사 등으로 인해 발생하며, 모든 트레이스에 걸쳐 유사한 형태로 나타난다. 이러한 강한 수평 신호들은 지하 목표물에서 반사되는 상대적으로 약한 신호를 가릴 수 있기 때문에, 이를 제거함으로써 파이프나 공동과 같은 특정 대상물에서 발생하는 쌍곡선 형태의 반사 신호를 더욱 뚜렷하게 만드는 효과를 얻을 수 있다.

배경 제거의 핵심 원리는 프로파일 내에서 대표적인 배경 신호를 계산한 뒤, 각 개별 트레이스에서 이 배경 신호를 빼주는 것이다. 배경 신호를 계산하는 방식에 따라 다음과 같은 구체적인 기법으로 나눌 수 있다.

평균 트레이스 빼기(Average Trace Subtraction): 가장 보편적으로 사용되는 방식으로, 프로파일 내의 모든 트레이스의 평균 파형을 계산하여 하나의 '평균 트레이스'를 만든다. 그 후, 각 트레이스에서 이 평균 트레이스를 빼는 방식으로 전체 측선에 걸쳐 일관되게 나타나는 수평 패턴을 효과적으로 제거한다.

이동 평균 빼기(Moving Average Subtraction): 전체 트레이스가 아닌, 지정된 길이의 특정 구간(window) 내 트레이스들의 평균을 계산하는 방식이다. 이 국부적인 평균값을 해당 구간의 각 트레이스에서 빼주기 때문에, 전체적인 배경 노이즈를 제거하면서도 국부적인 지층 변화나 특정 목표물 신호를 보존하는 데 더 유리하다. 필터의 길이를 조설하여 짧은 수평 반사체까지 제거함으로써 숨겨진 쌍곡선 신호를 강조할 수 있다.

적응적 배경 제거 (Adaptive Background Removal): 단순 평균 계산을 넘어, 공간적 특성을 통계적으로 분석하여 위치에 따라 다른 배경 모델을 적용하는 더 발전된 기법이다. 예를 들어, 칼만 필터(Kalman filter)와 같은 알고리즘을 사용하여 측선 위치에 따라 서서히 변하는 배경 신호를 추정하고 제거하거나, 주성분 분석(Principal Component Analysis, PCA)을 이용해 데이터를 배경(clutter)과 목표물(target) 신호로 분리하는 방법 등이 있다. 이러한 기법들은 배경 노이즈 자체가 균일하지 않고 복잡한 환경에서 더 나은 결과를 제공할 수 있다.

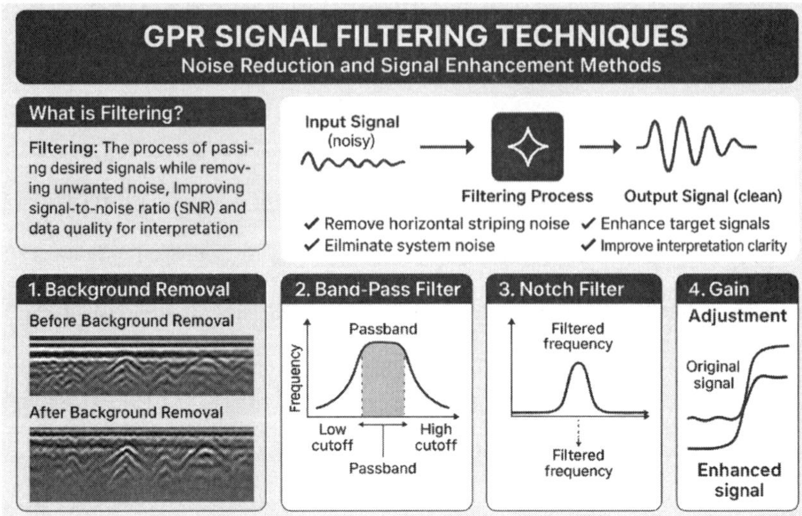

〈그림 2.5〉 GPR 주요 신호 처리 기법

2.4.7 고도보정

송신부와 수신부, 샘플링 간격 사이의 고도차, 저속도층의 풍화 정도에 따르는 전자파의 속도 변화, 지층의 두께 등에 따라 생기게 되는 반사 주시의 변화를 보정해 주는 것을 고도보정(static correction)이라 한다.

공기 파동에 의하여 GPR탐사 단면이 평탄하게 나타나면 표면 고도와 속도 고도 효과를 고려하지 않는다. 따라서 고도와 속도 보정은 표면 지형의 영향이 있는 경우에 수행하게 되는데 예로서, 건조모래에서 평균 레이더 속도를 0.125m/ns라 가정하면 지형적인 상향고도보정(Δt)는 다음 식과 같이 나타낼 수 있다. 또한, 고도보정은 지표면으로부터 반사 도착시간에 의하여 만들어질 수도 있다.

$$\Delta t = \frac{\text{고도}(\text{표고}, m)}{0.125 m/ns}$$

2.4.8 구조 보정

구조 보정(Migration)은 GPR 신호처리 과정의 중요한 단계다. 회절파는 지하의 점 형태 이상체를 쌍곡선이라는 넓게 퍼진 형태로 보여준다.

구조 보정은 이 쌍곡선 형태로 흩어져 있는 에너지를 다시 원래의 발생 지점, 즉 실제 이상체가 있는 한 점으로 수렴시켜 지하 구조물의 실제 형태와 위치를 복원하는 과정이다. 이 과정을 거치면, 넓게 퍼져 있던 쌍곡선은 작고 뚜렷한 점으로 변하고, 경사진 반사면은 제자리를 찾아가면서 지하의 모습이 훨씬 더 선명하고 실제에 가깝게 복원된다.

구조 보정의 효과로는 해상도 향상, 측선 외 반사(아티팩트) 제거, 정확한 위치 파악 등이 있다. Kirchhoff Migration, Stolt Migration, Finite-Difference Migration 등 다양한 알고리즘이 존재한다.

2.4.9 이득 보정

시간변수 이득은 기록단계에서 사용되는데 동일 이득 세팅은 각 단면에 대하여 각각 선정하여 사용한다. 이때 가장 큰 변화는 자료에 자동 수평 이득 보정 운용을 적용함에 의하여 매끄럽게 되는데 수직 이득 보정은 기록단계에서 이득 세팅이 적절치 못한 곳에서 사용되게 될 때가 많다. 한편, 윈도우 처리는 한계가 있는데 데이터의 수가 너무 많은 경우 자료는 지나치게 매끄럽게 되는 반면에 외형 진폭레벨에 의한 반사의 분류는 불가능하게 된다. 한편 전자파 에너지는 매질 내를 전파할 때 전자파원으로부터 구형발상에 의한 진폭의 감쇠가 일어나는데 매질의 전기 전도도 등 여러 가지 요인에 의해 감쇠가 일어나 일반적으로 탐사자료의 후기 시간대 신호는 전기 시간대의 신호에 비해 대단히 미약하게 된다. 그러므로 탐사의 목적에 맞는 양질의 자료 획득을 위해 전 시간대에 걸쳐 신호의 수준을 일정하게 해주는 작업이 필요하다. 이러한 작업을 이득 보정이라고 한다. 이 경우 전송파장의 구면 확산에 의하여 얼마간의 시간 경과 후 반사신호는 초기 반사신호보다 현저하게 낮은 진폭을 보여준다. 한편 상대적으로 약한 이들 진폭을 회복하기 위하여 공간발산 또는 자동이득조절(AGC)로서 여러 가지 함수를 사용하여 조정하게 되는데 보통 다음과 같은 보정함수를 사용한다.

$$Gain(dB) = A \cdot T + B \cdot 20\log T + C$$
$$A:\text{감쇠항}, B:\text{구형발산항}, C:\text{상수항}$$

이 경우 공간발산 이득은 20 정도의 이득상수를 사용하고 있는데 위의 함수는 시간에 따른 선형적인 항과 대수항으로 이루어져 있으며 $A \cdot B \cdot C$ 의 결정은 분석자가 여러 가지 값을 조합하여 자료에 적용시킨 후 신호의 수준이 가장 알맞은 값을 택한다.

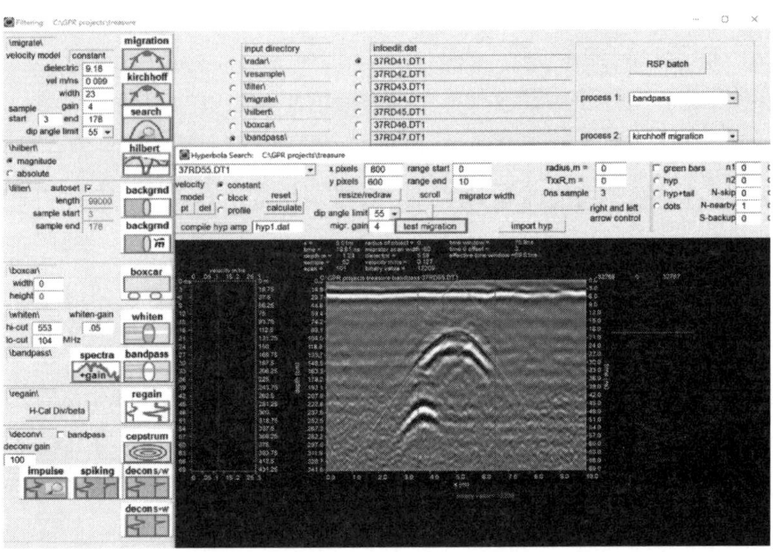

〈그림 2.6〉 GPR 신호처리 분석 사례(GPR slice)

2.5 데이터 마이닝(Data Mining)

전통적 신호처리 기법의 한계를 극복하기 위해 GPR 데이터 해석에 새로운 패러다임이 등장했는데, 바로 데이터를 신호의 집합이 아닌, 패턴을 채굴(mining)해야 할 대상으로 바라보는 '데이터 마이닝' 접근법이다. 이 관점은 GPR B-scan 이미지에 내재된 복잡하고 미묘한 패턴을 통계적, 계산적 방법론을 통해 자동으로 발견하고 분석하는 것을 목표로 한다. 이는 분석가의 주관적 판단을 최소화하고 데이터 자체에 기반한 객관적인 결론을 도출할 수 있는 가능성을 열었다.

2.5.1 GPR 데이터 마이닝의 개념과 가능성

GPR 데이터 마이닝은 대규모 GPR 데이터셋에서 이전에 알려지지 않았던 유용한 정보와 관계를 추출하는 과정이다. 예를 들어, 특정 지질 조건에서 공동이 발생할 때 나타나는 미세한 텍스처 변화나 신호 감쇠 패턴을 자동으로 학습하여, 육안으로는 식별하기 어려운 초기 단계의 공동을 예측하는 것이 가능해진다. 이는 단순히 개별 쌍곡선을 찾는 것을 넘어, 데이터 전체에 걸친 통계적 특성과 패턴을 분석함으로써 지하 환경에 대한 더 깊은 통찰력을 제공한다. 데이터 마이닝은 이후에 소개될 군집분석, 분류, 회귀 등 모든 머신러닝 기법의 철학적 기반이 된다.

2.5.2 비지도 학습을 이용한 이상 신호 군집화(군집분석)

데이터 마이닝의 강력한 도구 중 하나는 비지도 학습(unsupervised learning)이며, 그 대표적인 기법이 군집분석(Cluster Analysis)이다. 군집분석은 사전에 정답(label)이 없는 데이터들을 유사한 특성을 가진 그룹으로 자동 분류하는 기법이다. GPR 데이터에 이를 적용하면, B-scan 이미지를 작은 패치(patch)로 나눈 뒤, 각 패치의 신호 특성(예: 텍스처, 주파수 성분)에 따라 유사한 것들끼리 묶을 수 있다. 이를 통해 '쌍곡선 패턴 그룹', '층상 구조 패턴 그룹', '노이즈 패턴 그룹' 등으로 데이터를 자동으로 분류할 수 있다. 이 방법은 특히 라벨링된 데이터가 부족한 초기 탐사 단계에서 이상 신호 영역을 신속하게 식별하거나, 데이터의 전반적인 특성을 파악하는 데 매우 유용하다. K-평균(K-Means)이나 DB-SCAN과 같은 알고리즘이 GPR 데이터의 패턴 군집화에 널리 사용된다.

2.5.3 유사 신호 패턴 분류(KNN알고리즘)

데이터 마이닝의 또 다른 기본 기법은 분류(classification)이며, K-최근접 이웃(K-Nearest Neighbors, KNN) 알고리즘은 가장 직관적이면서도 강력한 분류기 중 하나이다. KNN은 '유유상종'의 원리에 기반한다. 즉, 새로운 데이터가 주어졌을 때, 기존에 있던 데이터 중 가장 가까운(유사한) K개의 이웃 데이터가 어떤 클래스에 속하는지를 보고 새로운 데이터의 클래스를 결정한다. GPR 분석에서는, 이미 '파이프', '공동', '철근' 등으로 라벨링된 A-scan 또는 B-scan 패치 데이터를 학습 데이터로 사용한다. 새로운 미분류 GPR 신호가 들어오면, 학습 데이터 중 가장 유사한 신호 패턴 K개를 찾아 다수결 원칙에 따라 해당 신호가 무엇인지를 분류할 수 있다. KNN은 알고리즘이 단순하여 이해하기 쉽고, 복잡한 모델을 구축하기 전에 데이터의 분류 가능성을 빠르게 확인하는 베이스라인 모델로서 뛰어난 성능을 보인다.

이처럼 데이터 마이닝, 군집분석, KNN과 같은 고전적 머신러닝 기법들은 전통적인 신호처리와 복잡한 딥러닝 사이의 중요한 다리 역할을 한다. 이들은 GPR 데이터를 패턴 기반으로 자동 분석하는 개념을 도입함으로써, 분석의 객관성과 효율성을 한 단계 끌어올렸다. 그러나 이러한 기법들은 특징(feature)을 수동으로 설계해야 하는 경우가 많고, 매우 복잡하고 다양한 형태의 GPR 신호 변화를 모두 처리하는 데에는 한계가 있다. 바로 이 지점에서 특징 추출까지 자동화하는 딥러닝의 필요성이 대두된다.

〈표 2.1〉 GPR 해석 데이터 패러다임 비교

구분	전통적 신호처리	고전적 머신러닝 (KNN, 군집분석)	딥러닝
자동화 수준	낮음 (수동 파라미터 튜닝)	중간 (특징 추출은 수동, 분류/군집은 자동)	높음 (특징 추출부터 분류/ 탐지까지 자동)
필요 데이터량	적음	중간	많음
해석 가능성	높음 (물리적 원리 기반)	중간 (결정 경계 등 시각화 가능)	낮음 (블랙박스 모델)
계산 비용	낮음	중간	높음
복잡/ 노이즈 데이터 성능	제한적	중간	우수

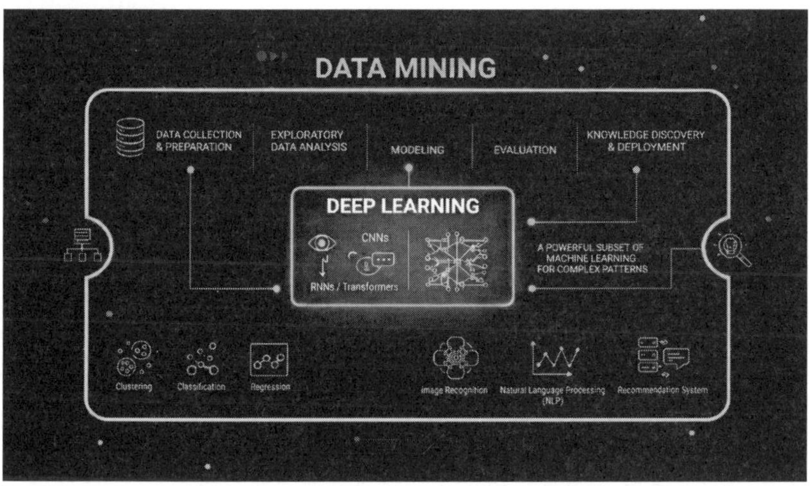

〈그림 2.7〉 데이터 마이닝과 딥러닝

2.6 최신 해석 기법 동향

전통적인 신호처리 기법이 GPR 데이터의 노이즈를 제거하고 기본적인 형태를 복원하는 과정이라면, 최신 해석 기법들은 데이터 속에 숨겨진 더 깊은 물리적 의미를 추출하는 접근 방식이다. 이는 단순히 레이더그램을 시각적으로 해석하는 것을 넘어, 신호의 미세한 특징을 분석하여 지하 물질의 성질까지 추론하는 고차원적인 방식이다.

2.6.1 속성 분석

속성 분석(Attribute Analysis)은 GPR 파형(A-scan)이 가진 진폭, 위상, 주파수 등 다양한 물리적 특성을 계산하고 시각화하는 기법이다. 이는 표준 레이더그램이 보여주는 신호의 세기라는 단편적인 정보 너머의 새로운 통찰력을 제공한다.

주요 속성으로는 진폭 속성(Amplitude Attributes), 위상 속성(Phase Attributes), 주파수 속성(Frequency Attributes), 형태 속성(Geometric Attributes)이 있다.

진폭 속성은 반사 신호의 강도와 관련된 속성으로, 반사면의 임피던스 대비(impedance contrast)나 매질 변화의 정도를 나타낸다. (예: 반사 강도, RMS 진폭, 최대 진폭)

위상 속성은 반사 신호의 위상과 관련된 속성으로, 반사면의 연속성이나 매질 변화의 방향성(예: 상부 매질이 하부 매질보다 유전율이 높은지 낮은지)을 파악하는 데 활용된다. (예: 순간 위상, 위상 변화)

주파수 속성은 반사 신호의 주파수 성분과 관련된 속성으로, 매질의 감쇠 특성이나 특정 주파수에 민감한 구조물을 파악하는 데 활용된다. (예: 순간 주파수, 주파수 감쇠)

형태 속성은 반사 패턴의 기하학적 형태와 관련된 속성으로, 지층의 연속성, 단층, 공동 등 구조적 특징을 강조한다. (예: 유사성(Coherence), 곡률(Curvature))

속성 지도를 생성하여 지하 구조물의 특성을 정량적으로 파악하고, 특정 이상 영역을 더욱 명확하게 부각시키는 데 사용된다.

2.6.2 스펙트럼 분해

스펙트럼 분해(Spectral Decomposition)는 GPR 신호를 주파수 영역으로 변환하여, 특정 주파수 성분이 지하의 어느 깊이에서 강하게 나타나는지를 분석하는 기법이다. 이는 매질의 감쇠 특성이나 특정 크기의 구조물에 대한 주파수 응답을 파악하는 데 유용하다.

원리는 GPR 신호가 지하 매질을 통과하면서 주파수 성분이 감쇠되거나 변화하는 것이다. 스펙트럼 분해는 이러한 주파수 변화를 분석하여 지하 구조의 특성을 파악한다. 특정 매질은 특정 주파수 대역의 에너지를 더 많이 흡수하거나 반사할 수 있다. 이 기법이 강력한 이유는 튜닝 효과(Tuning Effect) 때문이다. 튜닝 효과는 지하에 얇은 지층이 존재할 경우, 그 두께와 적합한 특정 주파수의 파동이 해당 지점에서 공명하여 유독 강하게 반사되는 현상이다.

주요 기법으로는 단시간 푸리에 변환(Short-Time Fourier Transform, STFT)과 연속 웨이블릿 변환(Continuous Wavelet Transform, CWT)이 있다. 단시간 푸리에 변환은 짧은 시간 윈도우를 이동시키면서 각 윈도우 내의 신호를 주파수 영역으로 변환하여 시간-주파수 특성을 분석한다. 연속 웨이블릿 변환은 다양한 스케일의 웨이블릿을 사용하여 신호를 분해함으로써, 시간-주파수 해상도를 동시에 확보하여 신호의 미세한 변화를 포착한다.

활용 분야로는 매질 특성 분석, 공동 및 매설물 탐지, 지하수면 탐지 등이 있다. 매질 특성 분석은 특정 주파수 감쇠 패턴을 통해 지하 매질의 종류나 수분 함량 변화를 추정한다. 공동 및 매설물 탐지는 특정 크기의 공동이나 매설물은 특정 주파수에서 강한 반사 응답을 보일 수 있으므로, 이를 통해 탐지율을 높인다. 지하수면 탐지는 지하수면과 같이 전기적 특성 변화가 큰 경계면은 특정 주파수 대역에서 뚜렷한 스펙트럼 이상을 보일 수 있다.

2.6.3 EST기법

EST기법(Equalized Scrambled Technology)은 IDS GeoRadar의 기술로, 안테나의 전체 방사 성능을 활용하여 깊은 심도에서의 GPR Data 노이즈를 제거하고 저주파 및 고주파의 선명도를 향상시켜 기존의 장비의 약 40~60% 증가된 투과심도를 가지며 지하 신호의 탐지능력을 향상시켜주는 기법이다.

EST기술의 핵심은 등화(Equalization)와 스크램블링(Scrambling)이라는 두 가지 연속적인 프로세스에 있다. 이 기술은 안테나의 방사 성능을 최대한 활용하여 GPR신호를 완벽하게 제어하고, 이를 통해 탐사 심도와 해상도를 동시에 극대화 한다.

EST의 첫 번째 단계는 하드웨어 등화이다. 이 과정은 최적의 다중 이득 증폭을 통해 깊은 곳에서 반사된 신호의 선명도를 얕은 곳에서의 수준으로 끌어올리는 역할을 한다. 이는 전통적인 소프트웨어 기반의 TVG와 근본적인 차이를 보인다. TVG가 디지털화된 데이터에 보정 이득 곡선을 적용하는 반면, EST의 하드웨어 등화는 반사 신호가 수신되는 실시간으로 아날로그 증폭기의 이득을 정밀하게 조절하는 방식으로 추정된다. 즉, 약하고 늦게 도달하는 신호를 아날로그-디지털 변환기에 도달하기 전에 증폭시키는 것이다.

등화 과정을 거친 데이터는 스크램블링이라는 두 번째 단계를 통과한다. 이 과정에서 데이터는 하나의 레이더 트레이스로 함께 뒤섞인다. 스크램블링은 IDS GeoRadar의 독점적인 용어로 정교한 신호 융합 또는 합성 알고리즘을 지칭하며, EST기술은 저주파와 고주파를 모두 포착하는 능력을 특징으로 한다. 이는 시스템이 광대역 펄스를 송신하고, 등화 과정이 시간-깊이 전 범위에 걸쳐 저주파와 고주파 성분 모두 보존함을 나타낸다.

EST의 성능은 우수한 노이즈 제거 능력에 기반한다. 노이즈 제거는 별도의 단계가 아니라, 등화 및 스크램블링 과정의 본질적인 결과물이다. 하드웨어에서 목표 신호를 최적으로 증폭함으로써 신호 대 잡음비가 근원적으로 향상된다. 또한, 스크램블링 과정에서 주파수 스펙트럼 전반에 걸쳐 일관성 있는 신호 성분을 융합함으로써, 비일관적인 노이즈는 효과적으로 억제된다. 이러한 우수한 노이즈 관리는 시스템의 잡음 관리 수준을 낮추어, 기존 기술로는 잡음에 가려져 탐지할 수 없었던 매우 미약한 심부 목표물의 신호를 탐지 가능하게 만든다.

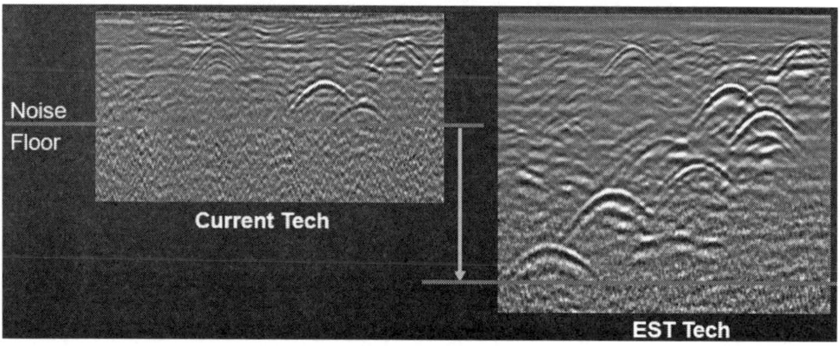

〈그림 2.8〉 EST기법

Part 2.

GPR데이터 분석을 위한 딥러닝 핵심 이론 및 구현

제3장. 딥러닝 기본 이론

3.1 딥러닝 개요

인공지능(AI)은 현대 사회에서 중요한 기술로 자리 잡고 있다. 스마트폰의 얼굴 인식 기능이나 음악 추천 서비스 등 다양한 분야에서 인공지능 기술이 활용된다. 이러한 인공지능 분야의 중심에서 현재의 기술 발전을 주도하는 핵심 기술이 바로 딥러닝(Deep Learning)이다.

3.1.1 머신러닝의 이해

딥러닝을 이해하기 위해서는 그 상위 개념인 머신러닝(Machine Learning)을 먼저 파악해야 한다. 머신러닝은 기계(Machine)가 데이터로부터 학습(Learning)하는 기술을 의미한다.

과거의 컴퓨터 프로그램은 사람이 모든 규칙을 직접 프로그래밍해야 했다. 예를 들어, 사진 속 동물이 개인지 판단하는 프로그램을 만들려면, 개발자는 개의 특징을 정의하는 수많은 규칙을 코드로 작성해야 했다. 그러나 실제 세상의 모든 경우의 수를 이러한 규칙으로 포괄하기는 어렵다.

머신러닝은 이러한 접근 방식을 변화시켰다. 명시적인 규칙을 알려주는 대신, 방대한 양의 데이터를 컴퓨터에 제공한다. 즉, 수만 장의 개 사진과 개가 아닌 사진을 입력하고 해당 데이터의 정답(레이블)을 함께 제공하는 방식이다. 그러면 기계는 이 데이터들을 스스로 분석하여 개를 구분하는 최적의 규칙이나 패턴을 찾아낸다.

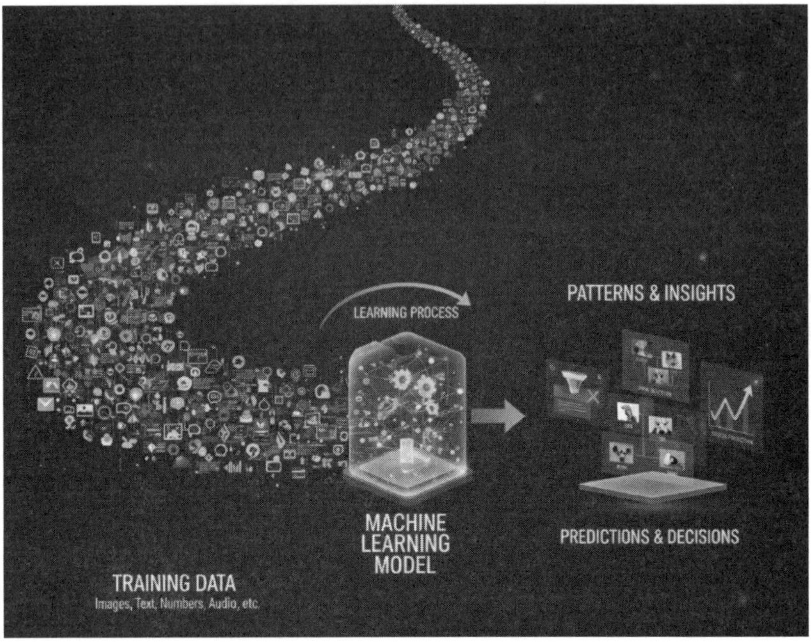

〈그림 3.1〉 머신러닝의 데이터 기반 학습 개념

3.1.2 딥러닝의 개념 및 계층적 특징 학습

딥러닝은 머신러닝의 한 분야로, 인간 뇌의 신경망 작동 방식에서 영감을 얻은 인공신경망(Artificial Neural Network, ANN)을 더욱 깊고 복잡하게 발전시킨 형태다. 여기서 딥(Deep)이라는 단어는 인공신경망의 층(Layer)이 여러 개로 깊다는 것을 의미한다.

이러한 깊은 신경망은 계층적 학습(Hierarchical Learning)을 통해 데이터를 처리한다. 첫 번째 층은 입력된 데이터(예: 이미지 픽셀)에서 가장 기본적인 특징을 추출한다. 예를 들어, 사진의 각 부분에서 선, 모서리, 색깔의 변화 같은 단순한 요소를 감지한다.

중간 층(은닉층)은 이전 층에서 추출된 단순한 특징들을 조합하여 좀 더 의미 있는 형태를 생성한다. 선과 곡선 같은 기본 요소를 조합하여 눈, 코, 귀, 수염 같은 구체적인 부분을 인식한다. 딥러닝에서 깊다는 의미는 이 은닉층이 여러 겹으로 쌓여 복잡한 특징을 순차적으로 학습할 수 있음을 나타낸다.

마지막 층(출력층)은 중간 층에서 생성된 부분적인 형태들을 종합하여 최종적인 판단을 내린다. 눈, 코, 귀, 수염 등의 조합을 바탕으로 "이것은 고양이일 확률이 98%다"와 같이 결론을 출력한다.

이처럼 딥러닝은 단순한 특징에서 출발하여 점차 복잡하고 추상적인 특징으로 나아가는 계층적 학습을 수행한다. 신경망의 층이 깊어질수록 더 복잡하고 미묘한 패턴까지 학습할 수 있게 되며, 이는 인간의 인식 능력을 뛰어넘는 정확도를 보이는 원동력이 된다.

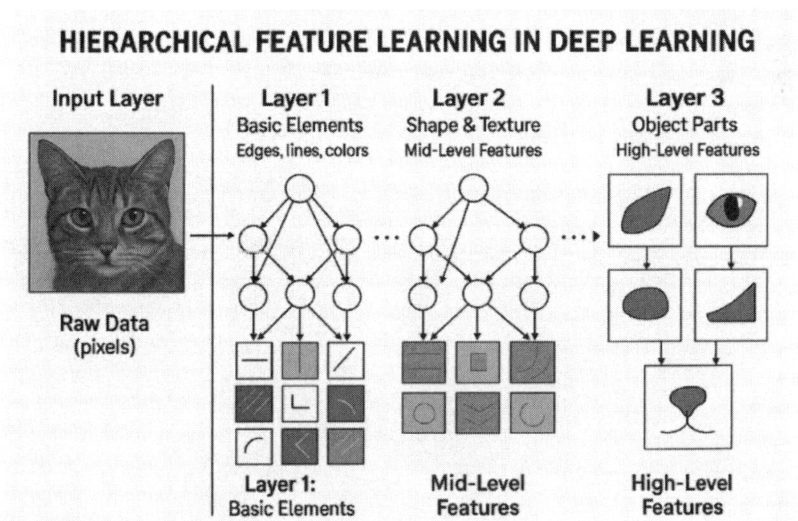

〈그림 3.2〉 딥러닝의 계층적 특징 학습

3.1.3 딥러닝의 발전 요인 및 활용

딥러닝이 최근 폭발적으로 발전할 수 있었던 주요 원인은 두 가지다. 첫째는 인터넷을 통해 방대하게 축적된 빅데이터(Big Data)의 가용성 증가이며, 둘째는 이 대규모 데이터를 빠르게 처리할 수 있는 강력한 컴퓨팅 파워(GPU의 발전)의 확보이다.

오늘날 딥러닝은 단순한 학문적 개념을 넘어 사회 전반에 걸쳐 광범위하게 활용된다. 스마트폰의 음성 비서, 실시간 번역 서비스, 자율주행 자동차의 사물 인식, 그리고 GPR 데이터 분석 등 다양한 응용 분야에서 딥러닝은 기계가 세상을 인식하고 이해하는 방식을 근본적으로 변화시키는 핵심 기술로 작용한다.

3.2 인공신경망의 구조와 원리

딥러닝의 핵심에는 인공신경망(Artificial Neural Network, ANN)이라는 계산 모델이 자리 잡고 있다. 인공신경망은 정보를 처리하고 학습하는 인간 뇌의 신경망 구조를 수학적으로 모델링한 것이다. 뇌가 수많은 뉴런(Neuron) 세포들의 연결로 이루어져 있듯이, 인공신경망 역시 인공 뉴런들의 연결망으로 구성된다.

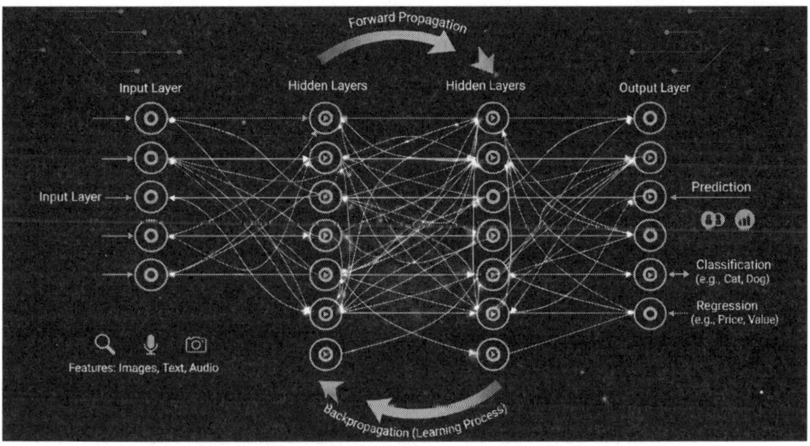

〈그림 3.3〉 인공신경망의 기본 구조 및 정보 처리 원리

3.2.1 신경망의 기본 단위: 퍼셉트론

인공신경망을 이루는 가장 기본적인 요소는 퍼셉트론(Perceptron)이라 불리는 인공 뉴런이다. 퍼셉트론은 여러 곳에서 입력 신호를 받아, 정의된 규칙에 따라 이를 처리한 후, 다음 뉴런으로 신호를 보낼지 말지를 결정하는 단순한 결정 장치다. 그 작동 방식은 다음과 같다.

퍼셉트론은 다른 여러 뉴런으로부터 다양한 신호(숫자 값)를 전달받는 입력(Inputs) 과정을 거친다. 모든 입력 신호에는 각각의 중요도를 나타내는 가중치(Weights)가 곱해진다. 가중치가 높을수록 해당 입력 신호가 최종 결정에 더 큰 영향을 미친다. 가중치가 곱해진 모든 입력 신호를 하나로 합산한다. 최종적으로 합산된 값이 특정 기준치(임곗값)를 넘으면 1(신호 활성화)을, 넘지 못하면 0(신호 비활성화)을 출력하는 활성화 함수(Activation Function)를 통해 최종 출력이 결정된다.

3.2.2 신경망의 계층적 구성

하나의 퍼셉트론은 매우 단순한 판단만 수행할 수 있다. 하지만 이런 퍼셉트론 수십, 수백만 개를 여러 겹의 층(Layer)으로 쌓아 올리면 복잡한 문제를 해결할 수 있는 강력한 네트워크가 형성된다. 인공신경망은 보통 세 종류의 층으로 구성된다.

데이터가 처음으로 들어오는 입력층(Input Layer)에서는 사진의 픽셀 값이나 GPR 데이터의 수치 등, 분석하고자 하는 원본 데이터를 받아들인다. 은닉층(Hidden Layer)은 입력층과 출력층 사이에 위치한 층으로, 실제적인 계산이 대부분 이곳에서 이루어진다. 데이터에 내재된 특징을 추출하고 조합하는 과정이 진행된다. 딥러닝에서 딥(Deep)하다는 것은 바로 이 은닉층이 여러 겹으로 깊게 쌓여 있음을 의미한다. 모든 계산을 마친 후 최종적인 결론을 내놓는 출력층(Output Layer)에서는 사진 속 동물이 개인지 고양이인지, 혹은 GPR 신호가 공동인지 파이프인지를 판단한 결과를 출력한다.

정보는 입력층에서 시작하여 은닉층들을 차례로 거쳐 출력층으로, 한 방향으로 흐르는데 이를 순전파(Forward Propagation)라고 한다.

3.2.3 신경망 학습의 원리

신경망이 학습을 통해 정답을 예측하는 능력을 개발하는 원리는 오차를 점진적으로 줄여나가는 과정에 있다.

신경망은 초기 무작위로 설정된 가중치를 가지고 예측을 수행한다. 이 예측값이 실제 정답과 얼마나 다른지, 즉 오차(Error)를 계산한다. 오차를 측정하는 함수를 손실 함수(Loss Function) 또는 비용 함수(Cost Function)라고 한다. 오차가 발생했다면 그 원인은 잘못된 가중치 설정에 기인한다. 역전파(Back-propagation)는 이 오차에 대한 책임을 출력층에서부터 입력층 방향으로 거꾸로 추적해 나가며, 각 연결의 가중치를 어느 방향으로 얼마나 조절해야 오차가 줄어들지를 계산하는 과정이다. 역전파를 통해 계산된 방향으로 각 가중치들을 아주 조금씩 수정한다. 이 과정을 경사 하강법(Gradient Descent)과 같은 최적화 알고리즘(Optimization Algorithm)을 통해 수행한다.

신경망은 이 순전파 → 오차 계산 → 역전파 → 가중치 수정의 과정을 수만, 수백만 번 반복한다. 이 반복 학습을 통해 신경망은 데이터 속에 숨겨진 복잡한 패턴을 스스로 터득하고, 점차 정답에 가까운 예측을 할 수 있는 최적의 가중치 조합을 찾아내게 된다.

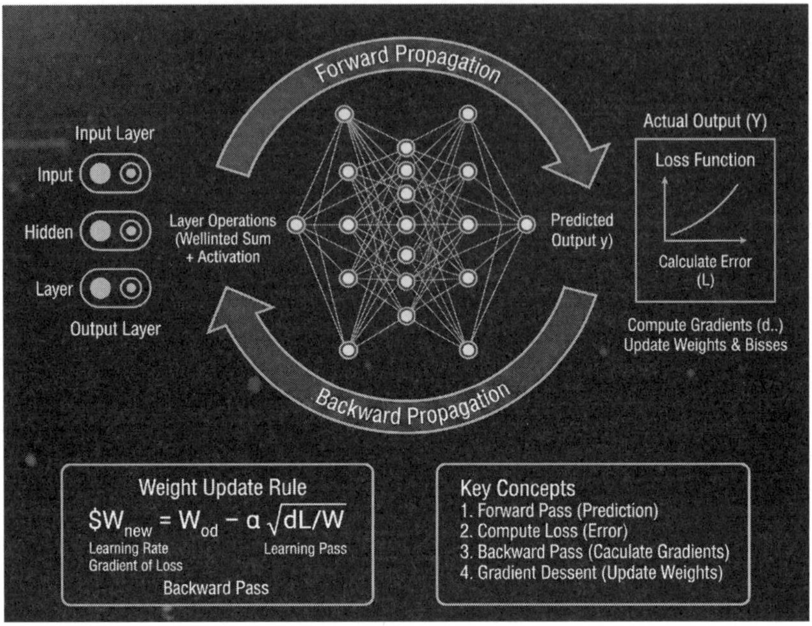

〈그림 3.4〉 역전파 알고리즘

3.3 학습 알고리즘

인공신경망이 방대한 데이터 속에서 스스로 패턴을 배우고 지능을 개발하는 체계적인 학습 전략이 바로 딥러닝의 학습 알고리즘이다. 이는 예측 오차를 최소화하기 위한 과정으로 설명할 수 있다.

3.3.1 예측 오차 측정: 손실 함수

학습의 첫 단계는 모델의 예측이 얼마나 틀렸는지를 정량적으로 파악하는 것이다. 인공신경망이 내놓은 예측값과 실제 정답이 얼마나 차이가 나는지를 측정하는 함수가 손실 함수(Loss Function) 또는 비용 함수(Cost Function)다.

손실 함수는 예측값과 정답 간의 차이가 클수록 높은 손실 값을, 차이가 작을수록 낮은 값을 계산한다. 모델의 목표는 이 손실 함수의 값을 가능한 한 최소화하는 것이다. 문제 유형별 적용에 따라 손실 함수는 다른 방식으로 적용된다. 분류(Classification) 문제에서는 단순히 정답 여부뿐만 아니라 예측의 확신도에 따라 손실 값이 달라진다. 예를 들어, 오답을 높은 확신도로 예측했을 때 더 큰 손실을 부여하는 방식이다. 회귀(Regression) 문제에서는 아파트 가격을 예측하는 문제와 같이 연속적인 값을 예측하는 경우, 예측값과 실제값의 절대적인 차이 또는 제곱 오차가 손실의 기준이 된다.

즉, 학습이란 이 손실이라는 페널티를 최소화하기 위한 과정이다.

3.3.2 손실 최소화: 경사 하강법

손실 값이 크다는 것을 파악했다면, 이제 이 값을 줄이기 위한 방향으로 가중치를 조정해야 한다. 경사 하강법(Gradient Descent)은 손실을 줄이는 가장 효율적인 방향을 찾아 가중치를 점진적으로 조정하는, 딥러닝에서 가장 중요한 최적화 알고리즘이다.

경사 하강법은 손실 함수 곡면에서 현재 위치의 기울기(경사, Gradient)를 계산한다. 그리고 이 기울기의 반대 방향으로 가중치를 조금씩 이동시킨다. 이 과정을 반복하면, 손실 함수 값이 최소가 되는 지점에 점진적으로 도달하게 된다. 이때 한 번에 얼마나 큰 폭으로 가중치를 조정할지 결정하는 것을 학습률(Learning Rate)이라 한다.

학습률이 너무 크면 최적점을 지나칠 수 있고, 너무 작으면 최적점에 도달하는 데 시간이 오래 걸린다. 따라서 적절한 학습률 설정은 성공적인 학습의 중요한 요소다.

3.3.3 가중치 업데이트: 역전파

경사 하강법을 통해 가중치를 조정할 방향은 알 수 있다. 하지만 수백만 개의 가중치로 구성된 복잡한 신경망에서, 최종 오차에 대한 각 가중치의 기여도를 파악하고 이를 기반으로 가중치를 업데이트하는 효율적인 방법이 필요하다. 이 방법이 바로 역전파(Backpropagation) 알고리즘이다.

역전파는 신경망의 맨 마지막 출력층에서 계산된 최종 오차로부터 시작하여, 그 오차에 영향을 미친 정도를 계산하며 입력층 방향으로 거꾸로(Back) 책임을 전파(Propagate)한다. 이 과정을 통해 수백만 개에 달하는 모든 가중치가 수정되어야 할 정확한 값(기울기)을 매우 효율적으로 계산된다.

결론적으로 딥러닝 모델의 학습은 순전파 → 오차 계산(손실 함수) → 책임 분배(역전파) → 가중치 수정(경사 하강법)이라는 반복적인 사이클을 통해 이루어진다. 이 반복적인 훈련을 통해, 모델은 데이터 속에 숨겨진 복잡한 패턴을 스스로 터득하고 점차 예측 성능을 향상시킨다.

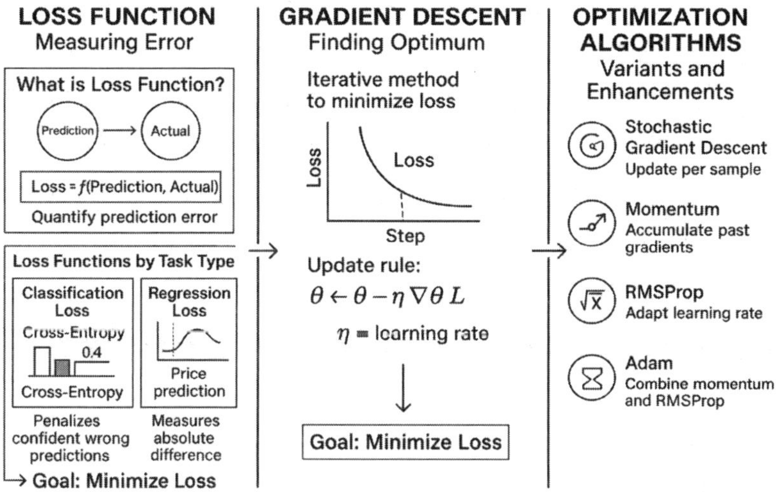

〈그림 3.5〉 딥러닝 학습의 최적화 과정

3.4 활성화 함수와 손실 함수

인공신경망이 지능적인 판단을 하고 스스로 학습하며 발전하기 위해서는 두 가지 중요한 요소가 필요하다. 바로 각 뉴런의 출력 여부를 결정하는 활성화 함수와, 모델의 예측 오차를 측정하는 손실 함수다. 이 두 요소는 딥러닝 모델의 학습 과정에 필수적이다.

3.4.1 활성화 함수(Activation Function): 비선형성 부여

인공신경망이 단순히 입력 신호를 더하고 곱하기만 한다면, 이는 선형(Linear) 모델에 불과하다. 그러나 현실 세계의 복잡한 문제(예: 이미지의 복잡한 패턴, GPR 데이터의 미묘한 신호 변화)는 선형 모델만으로는 해결하기 어렵다. 이러한 복잡한 문제를 해결하기 위해서는 모델에 비선형성(Non-linearity)을 부여하는 것이 필수적이다. 활성화 함수는 바로 이 비선형성을 신경망에 도입하는 역할을 한다.

활성화 함수는 각 뉴런(퍼셉트론)의 끝에 위치하여, 이전 층에서 전달된 신호의 합산 결과값을 받는다. 이 함수는 이 값에 특정 기준을 적용하여 다음 층으로 신호를 전달할지(활성화), 혹은 전달하지 않을지(비활성화)를 결정한다. 즉, 모든 신호를 무조건 통과시키는 것이 아니라, 특정 기준에 따라 신호를 선택적으로 활성화하는 것이다.

오늘날 가장 널리 사용되는 활성화 함수 중 하나는 ReLU(Rectified Linear Unit)다. ReLU는 입력된 신호가 양수(+)이면 그대로 통과시키고, 음수(-)이면 0으로 출력하여 신호를 무시하는 단순하고 효율적인 규칙을 따른다.

이 간단한 규칙은 신경망 전체에 강력한 비선형성을 부여한다. 수많은 뉴런들이 이 ReLU와 같은 활성화 함수를 통해 선택적으로 신호를 처리함으로써, 신경망은 복잡하고 다차원적인 패턴까지도 학습할 수 있는 유연성을 갖게 된다.

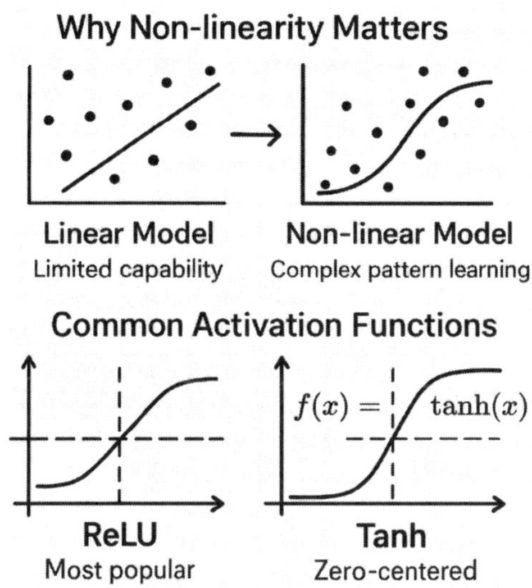

〈그림 3.6〉 활성화 함수

3.4.2 손실 함수(Loss Function): 학습 방향 제시

학습의 목표는 정확한 예측을 수행하는 것이다. 모델이 내놓은 예측값이 얼마나 틀렸는지를 정량적으로 알아야만 모델을 개선할 수 있다. 손실 함수는 바로 이 오차의 정도를 수치로 나타내주는 기준이다.

손실 함수는 모델이 예측한 값과 실제 정답을 비교하여, 그 차이가 클수록 높은 손실 값을, 차이가 작을수록 낮은 값을 계산한다. 모델의 궁극적인 목표는 이 손실 값을 가능한 한 최소화하는 것이다. 손실 함수는 해결하려는 문제의 종류에 따라 다른 방식으로 적용된다. 분류(Classification) 문제에서는 단순히 정답 여부뿐만 아니라 예측의 확신도에 따라 손실 값이 달라진다. 예를 들어, 오답을 높은 확신도로 예측했을 때 더 큰 손실을 부여하는 방식이다. 회귀(Regression) 문제에서는 아파트 가격을 예측하는 문제와 같이 연속적인 값을 예측하는 경우, 예측값과 실제값의 절대적인 차이 또는 제곱 오차가 손실의 기준이 된다.

결론적으로, 손실 함수는 모델이 나아가야 할 방향을 알려주는 역할을 한다. 손실을 줄이는 방향으로 꾸준히 파라미터(가중치)를 조정하는 과정이 바로 딥러닝의 학습 과정이다.

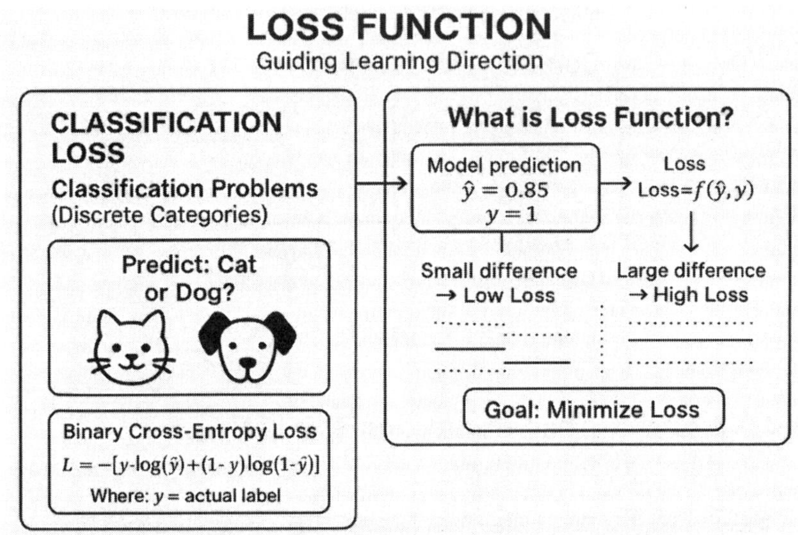

〈그림 3.7〉 손실 함수

3.5 과적합과 일반화

딥러닝 모델을 훈련시키는 최종 목표는 훈련 데이터를 잘 맞히는 것을 넘어, 한 번도 본 적 없는 새로운 데이터에 대해서도 정확한 예측을 수행하는 것이다. 여기서 훈련 데이터를 연습 문제집에, 새로운 데이터를 실제 시험에 비유할 수 있다. 딥러닝 모델의 진정한 성공은 이 실제 시험을 얼마나 잘 치르느냐에 달려 있다.

3.5.1 일반화(Generalization)

일반화는 모델이 훈련 데이터를 통해 학습한 패턴을 바탕으로, 한 번도 본 적 없는 새로운 데이터에 대해서도 정확한 예측을 수행하는 능력을 말한다. 이는 모델이 훈련 데이터의 사소한 특징이 아닌, 그 속에 내재된 핵심 원리와 개념을 제대로 이해했음을 의미한다. 일반화 성능은 딥러닝 모델의 실제 적용 가능성과 신뢰성을 가늠하는 중요한 척도다.

3.5.2 과적합(Overfitting)

모델을 너무 과하게 훈련시키다 보면 과적합이라는 문제가 발생할 수 있다. 과적합은 모델이 훈련 데이터에 지나치게 최적화된 나머지, 데이터의 핵심적인 패턴을 넘어 사소한 노이즈나 우연한 특징까지 모두 학습해버리는 현상을 말한다. 모델의 복잡도에 비해 훈련 데이터의 양이 너무 적거나, 너무 오랜 시간 동안 과도하게 학습을 진행했을 때 주로 발생한다. 과적합된 모델은 훈련 데이터에 대해서는 매우 높은 정확도를 보이지만, 실제로는 학습하지 않은 새로운 데이터에 대해서는 예측 성능이 현저히 떨어진다.

3.5.3 과소적합(Underfitting)

과적합의 반대편에는 과소적합이 있다. 과소적합은 모델이 너무 단순하거나 훈련이 부족하여, 훈련 데이터에 존재하는 기본적인 패턴조차 제대로 학습하지 못한 상태를 말한다. 과소적합된 모델은 훈련 데이터에 대해서도, 새로운 데이터에 대해서도 모두 낮은 성능을 보여, 실제 적용에 쓸모없는 모델이 된다.

3.5.4 과적합 및 과소적합 방지 전략

궁극적인 목표는 과소적합과 과적합 사이의 최적점을 찾아, 일반화 성능이 가장 뛰어난 모델을 구축하는 것이다. 특히 흔하게 발생하는 과적합을 방지하기 위해 다음과 같은 여러 기술들이 사용된다. 정규화(Regularization)는 모델이 너무 복잡해지는 것을 방지하기 위해, 즉 모델이 특정 데이터에 과도하게 의존하여 학습하는 것을 막기 위해 일종의 페널티를 부과하는 기법이다. 드롭아웃(Dropout)은 훈련 과정에서 신경망의 일부 뉴런들을 무작위로 비활성화하는 기술이다. 이는 모델이 특정 뉴런이나 정보에만 과도하게 의존하는 것을 방지하여 일반화 성능을 향상시킨다. 더 많은 데이터 확보는 모델에게 더 다양하고 충분한 데이터를 제공하는 것은 과적합을 방지하고 일반화 성능을 높이는 가장 근본적이고 확실한 해결책이다. 모델은 충분한 데이터를 통해 사소한 특징이 아닌 보편적인 패턴에 집중하게 된다.

결론적으로, 딥러닝 모델을 평가할 때 훈련 데이터에 대한 높은 정확도에만 집중해서는 안 된다. 진정으로 효율적인 모델은 새로운 데이터에 대해서도 안정적으로 좋은 성능을 낼 수 있는, 즉 일반화 성능이 뛰어난 모델임을 항상 고려해야 한다.

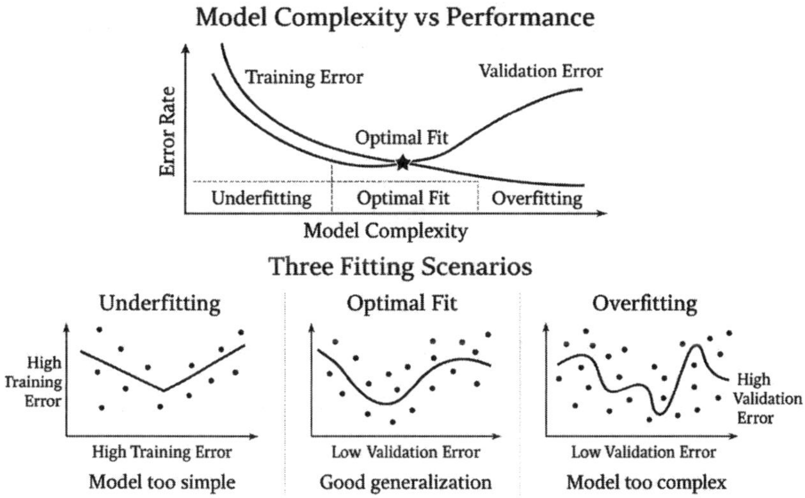

〈그림 3.8〉 딥러닝 모델의 적합성과 일반화

제4장. GPR 분석을 위한 딥러닝 구조

4.1 CNN의 핵심 개념: 지역적 특징 추출

지금까지 살펴본 일반적인 인공신경망(ANN)은 각 뉴런이 이전 층의 모든 뉴런과 연결되는, 소위 완전 연결(Fully-Connected) 구조를 가진다. 이는 글자나 숫자처럼 단순한 데이터를 처리하는 데는 문제가 없지만, 이미지와 같은 거대한 데이터 앞에서는 심각한 한계에 부딪힌다.

가로 100픽셀, 세로 100픽셀의 작은 흑백 사진만 해도 총 10,000개의 픽셀 정보가 있다. 이를 일반 신경망의 입력층에 넣으면, 그 다음 은닉층의 뉴런 하나마다 10,000개의 연결선이 필요하다. 만약 은닉층에 뉴런이 1,000개 있다면, 그 사이에서만 무려 1,000만 개의 가중치를 계산해야 한다. 더 큰 문제는, 이 방식이 이미지의 가장 중요한 특징인 공간적 정보를 완전히 무시한다는 점이다. 사진에서 옆에 있는 픽셀들은 서로 밀접한 관련이 있지만, 일반 신경망은 이들을 그저 독립적인 10,000개의 숫자로 취급할 뿐이다.

이러한 문제를 해결하기 위해, 인간의 시각 처리 방식에서 영감을 얻어 탄생한 것이 바로 합성곱 신경망(Convolutional Neural Network, CNN)이다. CNN은 이미지와 같은 격자(Grid) 형태의 데이터에서 패턴을 인식하는 데 독보적인 성능을 보인다.

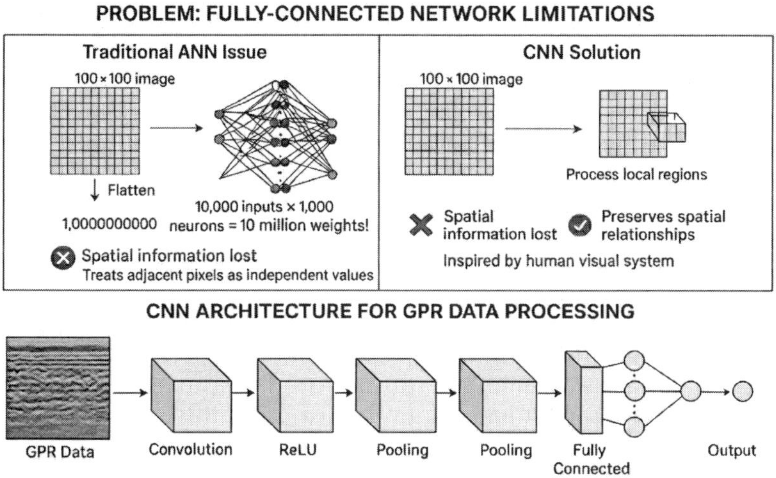

〈그림 4.1〉 합성곱 신경망(CNN)의 계층적 구조 및 GPR 데이터 처리 다이어그램

4.1.1 CNN의 핵심 개념: 지역적 특징 추출

우리가 사진 속 고양이를 인식할 때, 픽셀 하나하나를 분석하지 않는다. 먼저 고양이의 눈, 뾰족한 귀, 수염 같은 부분적인 특징을 인식하고, 이 특징들의 조합과 배치를 통해 최종적으로 고양이라는 판단을 내린다.

CNN은 이러한 인간의 시각 처리 방식을 모방한다. 전체 이미지를 한 번에 처리하는 대신, 작은 필터(Filter)를 이용해 이미지의 특정 부분을 훑어가며 지역적인 특징(Local Feature)을 찾아낸다. 그리고 이렇게 찾아낸 단순한 특징들을 점차 조합하여 더 복잡한 특징을 학습한다.

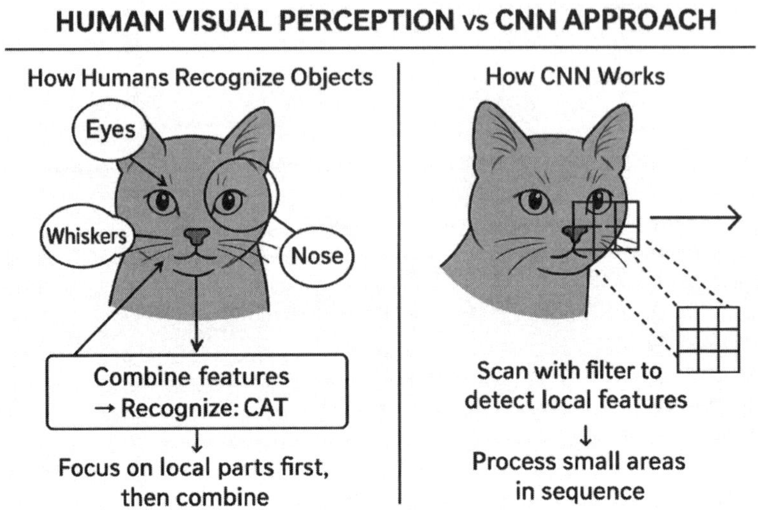

〈그림 4.2〉 CNN을 이용한 이미지 판단 결과

4.1.2 특징 탐지: 합성곱(Convolution) 연산

CNN의 핵심적인 연산은 합성곱(Convolution) 연산이다.

합성곱 연산에는 '필터' 또는 커널(Kernel)이라는 작은 행렬이 사용된다. 이 필터는 특정 패턴을 감지하도록 설계된 특징 탐지기와 같다. 예를 들어, 어떤 필터는 수직선을 찾는 데 특화되어 있고, 다른 필터는 둥근 모서리를, 또 다른 필터는 녹색 점을 찾는 데 특화된다.

이 필터가 이미지의 왼쪽 위부터 오른쪽 아래까지 일정한 간격으로 훑고 지나가면서(이 과정을 슬라이딩이라 한다) 각 위치에서 필터와 이미지의 해당 부분 간의 계산을 수행한다. 필터가 찾으려는 패턴과 이미지의 해당 부분이 일치할수록 계산 결괏값은 커진다. 이 계산 결과들을 모아 새로운 행렬을 만드는데, 이를 특징 맵(Feature Map)이라 한다. 특징 맵은 원본 이미지에서 필터가 찾으려던 특정 특징이 어디에, 얼마나 강하게 존재하는지를 보여주는 지도와 같다. CNN은 수십, 수백 개의 다양한 필터를 사용하여, 하나의 원본 이미지로부터 수직선 맵, 수평선 맵, 붉은색 맵 등 다수의 특징 맵을 동시에 생성한다.

4.1.3 핵심 정보 압축: 풀링(Pooling)

합성곱 연산을 통해 수많은 특징 맵을 얻지만, 이들은 여전히 크고 복잡하다. 풀링(Pooling)은 이 특징 맵의 사이즈를 줄여 핵심 정보만 남기는 요약 정리 과정이다.

가장 널리 쓰이는 최대 풀링(Max Pooling)은 특징 맵을 일정 구역(예: 2×2)으로 나눈 뒤, 각 구역에서 가장 큰 값(가장 강한 신호) 하나만 남기고 나머지는 버리는 방식이다. 이 과정을 통해 계산 효율성과 견고함(Robustness)이라는 두 가지 중요한 이점을 얻는다. 계산 효율성은 데이터의 크기를 줄여 학습 속도를 높이고 계산량을 줄여준다. 견고함은 이미지에서 특정 특징의 위치가 약간 이동하더라도, 풀링을 거치면 그 주변 구역의 가장 강한 신호는 여전히 남아 있게 되어 위치의 미세한 변화에 덜 민감해진다. 이를 통해 패턴 인식 능력이 더욱 견고해진다.

결론적으로 CNN은 [합성곱 → 풀링]의 과정을 여러 겹으로 깊게 쌓아, 이미지의 단순한 특징(선, 모서리)에서 시작하여 점차 복잡한 특징(눈, 코, 바퀴)을 학습하고, 최종적으로는 전체 객체(사람, 자동차)를 인식하는 계층적 학습을 수행한다. 이처럼 공간 정보를 유지하며 효율적으로 패턴을 추출하는 능력이야말로, CNN이 이미지뿐만 아니라 GPR 레이더그램과 같은 2차원 데이터 분석에 있어서도 막강한 힘을 발휘하는 이유다.

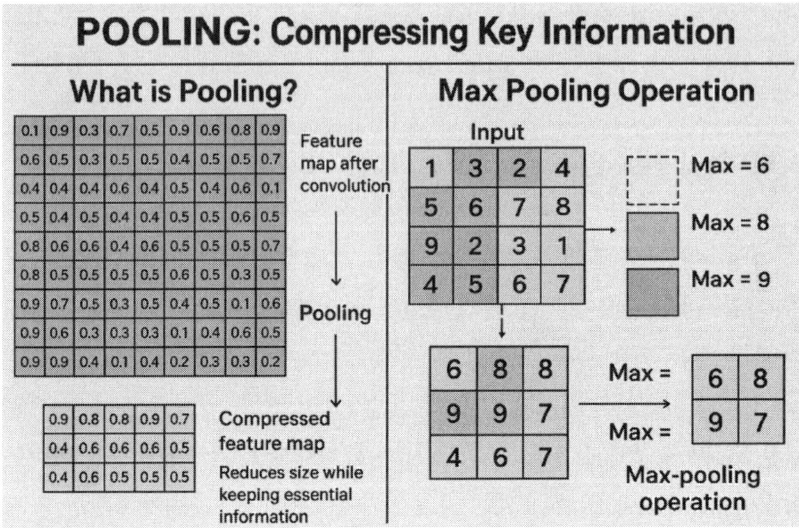
POOLING: Compressing Key Information
What is Pooling?
Feature map after convolution
Pooling
Compressed feature map
Reduces size while keeping essential information
Max Pooling Operation
Input
Max = 6
Max = 8
Max = 9
Max =
Max =
Max-pooling operation

〈그림 4.3〉 풀링 정리과정

4.2 순환 신경망(RNN)과 장단기 메모리(LSTM): 순차 데이터 처리 기술

세상의 모든 데이터가 한 장의 사진처럼 정지해 있지는 않다. “나는 학교에 간다”라는 문장에서 단어의 순서가 바뀌면 의미가 완전히 달라지듯, 주식 가격의 흐름, 음악의 멜로디, 그리고 GPR 탐사에서 측선을 따라 연속적으로 얻어지는 데이터처럼 순서가 중요한 데이터가 있다. 이러한 데이터를 순차 데이터(Sequential Data)라 부른다.

이미지를 한 번에 통째로 보는 CNN은 이러한 순차 데이터의 시간적 흐름이나 순서에 담긴 의미를 파악하는 데 한계가 있다. 바로 이 순차 데이터 처리를 위해 탄생한 신경망이 순환 신경망(Recurrent Neural Network, RNN)이다.

4.2.1 RNN의 원리 및 한계: 기억 능력

RNN의 핵심 아이디어는 정보를 기억하는 것이다. RNN은 이전 단계(Time Step)에서 처리했던 정보의 일부를 기억해두었다가, 현재 단계의 정보를 처리할 때 참고 자료로 활용한다.

RNN은 신경망 내부에 정보를 순환시키는 고리(Recurrent Loop)를 가지고 있다. 이 고리를 통해, 각 단계에서 계산된 결과(은닉 상태, Hidden State)가 버려지지 않고 다음 단계의 입력으로 다시 들어간다. 이것이 바로 RNN의 단기 기억 장치 역할을 한다. 예를 들어, “나는”이라는 단어를 처리한 후 그 정보를 기억해두고, 그 다음 “학교에”라는 단어가 들어오면 이전에 기억해둔 “나는”이라는 정보와 함께 처리하여 “나는 학교에”라는 맥락을 이해한다. 이 덕분에 다음에 올 단어가 ‘간다’일 확률이 높다는 것을 예측할 수 있다.

하지만 기본적인 RNN에는 치명적인 약점이 있다. 바로 기억력의 한계다. 순환의 고리가 길어질수록, 즉 문장이 길어지거나 시계열 데이터가 길어질수록 맨 처음에 들어왔던 중요한 정보는 점차 희미해져 사라져 버린다. 이를 장기 의존성 문제(Long-Term Dependency Problem)라고 한다.

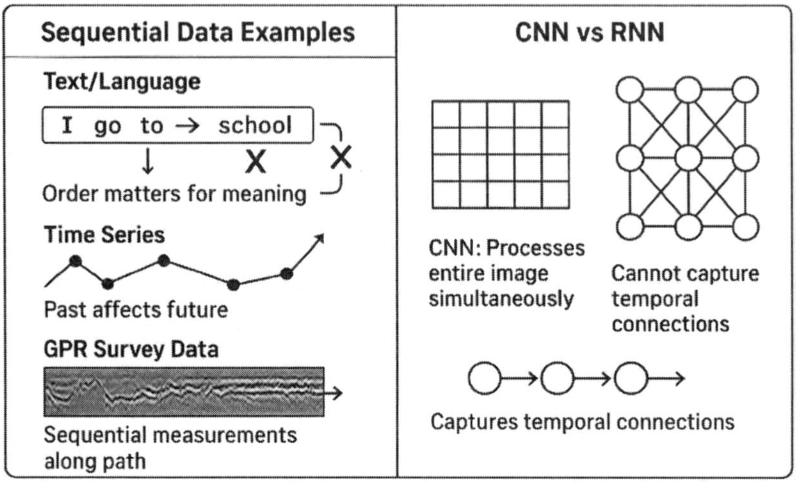

〈그림 4.4〉 RNN 원리

4.2.2 LSTM: 장기 기억 처리 능력

RNN의 짧은 기억력 문제를 해결하기 위해 등장한 것이 LSTM(Long Short-Term Memory, 장단기 메모리) 네트워크이다. LSTM은 기본적인 RNN의 발전된 형태로, 훨씬 더 정교하고 효과적인 기억 시스템을 갖추고 있다.

LSTM의 핵심은 셀 상태(Cell State)라는 일종의 장기 기억 컨베이어 벨트와, 이 벨트의 정보를 관리하는 세 개의 게이트(Gate)에 있다. 셀 상태는 신경망의 전체 시퀀스를 관통하며 흐르는 정보의 고속도로와 같다. 이 벨트 위에는 중요한 장기 기억이 실려 오랫동안 유지될 수 있다. 게이트는 이 고속도로에 정보를 추가할지, 뺄지, 혹은 얼마나 내보낼지를 결정하는 역할을 한다.

LSTM의 세 가지 주요 게이트는 다음과 같다. 망각 게이트(Forget Gate)는 과

거의 정보 중 어떤 것을 잊어버릴지 결정한다. 불필요해진 정보는 버려 셀 상태를 효율적으로 유지한다. 입력 게이트(Input Gate)는 새로운 정보 중 어떤 것을 기억할 가치가 있을지 결정한다. 중요한 새 정보만 골라서 셀 상태에 추가한다. 출력 게이트(Output Gate)는 현재 기억하고 있는 정보 중 어떤 것을 밖으로 내보낼지 결정한다. 현재 단계의 예측에 필요한 정보만 골라서 최종 결과로 내보낸다.

이처럼 LSTM은 망각, 입력, 출력이라는 세 개의 게이트를 통해 기억을 선택적으로 관리하는 능력을 갖추고 있다. 덕분에 아주 긴 문장이나 복잡한 시계열 데이터 속에서도 핵심적인 정보를 잊지 않고 끝까지 유지할 수 있다. 이러한 능력 때문에 오늘날 자연어 처리(번역, 챗봇), 음성 인식, 주가 예측 등 순차 데이터가 사용되는 거의 모든 분야에서 LSTM과 그 변형 모델들이 표준처럼 사용되고 있다.

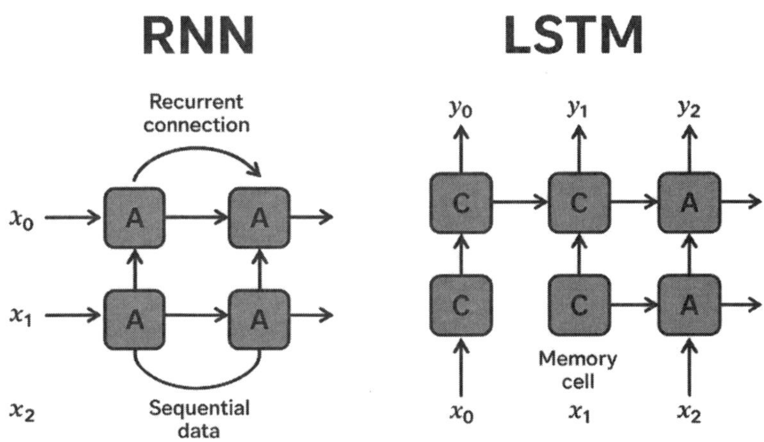

〈그림 4.5〉 RNN 및 LSTM의 기본 구조

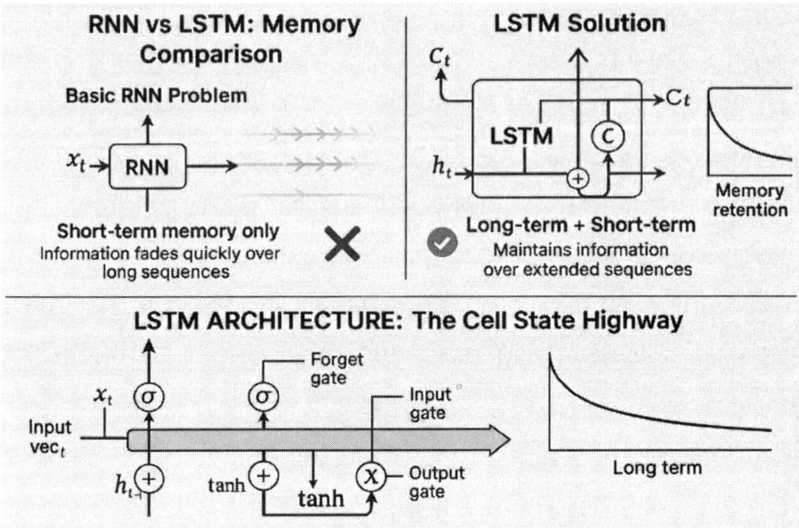

〈그림 4.6〉 RNN 및 LSTM의 기억 처리 알고리즘

4.3 특수 목적 딥러닝 구조: U-Net과 GAN

딥러닝의 세계는 단순히 이미지를 분류하는 CNN이나 순서를 이해하는 RNN만 있는 것이 아니다. 특정하고 복잡한 임무를 수행하기 위해 고안된 다양한 전문 모델들이 존재한다. 이들은 기존 구조를 창의적으로 변형하거나 결합하여, 기존에는 해결하기 어려웠던 문제들을 해결한다. 그중 U-Net과 GAN은 대표적인 특수 목적 구조다.

4.3.1 U-Net: 픽셀 단위 이미지 분할

CNN은 이미지를 보고 객체를 분류할 수는 있지만, 이미지의 각 픽셀이 어떤 클래스에 속하는지 정확하게 구분해내는 작업인 의미론적 분할(Semantic Segmentation)에는 한계가 있다. 이는 의료 영상에서 종양의 정확한 영역을 찾아내거나, 자율주행 자동차가 도로, 차선, 보행자를 픽셀 단위로 구분해야 하는 등 정밀함이 요구되는 분야에서 필수적인 기술이다. 바로 이 임무를 위해 고안된 모델이 U-Net이다.

U-Net은 그 이름처럼 알파벳 'U'자 형태의 독특한 구조를 가진다. U자의 왼쪽 부분은 수축 경로(Encoder)로, 이미지를 입력받아 일반적인 CNN처럼 합성곱과 풀링을 반복한다. 이 과정에서 이미지는 점점 작아지지만, 이미지에 무엇이 있는지에 대한 핵심적인 맥락 정보는 압축되어 저장된다. U자의 오른쪽 부분은 확장 경로(Decoder)로, 압축된 맥락 정보를 받아 이미지의 크기를 다시 원래대로 키워나간다. 이 과정에서 그것이 어디에 있는지에 대한 위치 정보를 복원하여 최종적인 픽셀 단위의 예측 지도를 만들어낸다.

U-Net의 중요한 특징은 스킵 연결(Skip Connection)이다. 수축 경로에서 이미지가 작아지면서 세밀한 위치 정보는 손실될 수 있다. 스킵 연결은 수축 경로의 각 층에서 얻어진 고해상도의 위치 정보를, 확장 경로의 해당 층으로

직접 연결하는 방식이다. 이 덕분에 U-Net은 전체적인 맥락과 함께 세밀한 위치 정보까지 모두 활용하여, 매우 정밀하고 경계가 뚜렷한 분할 지도를 생성할 수 있다.

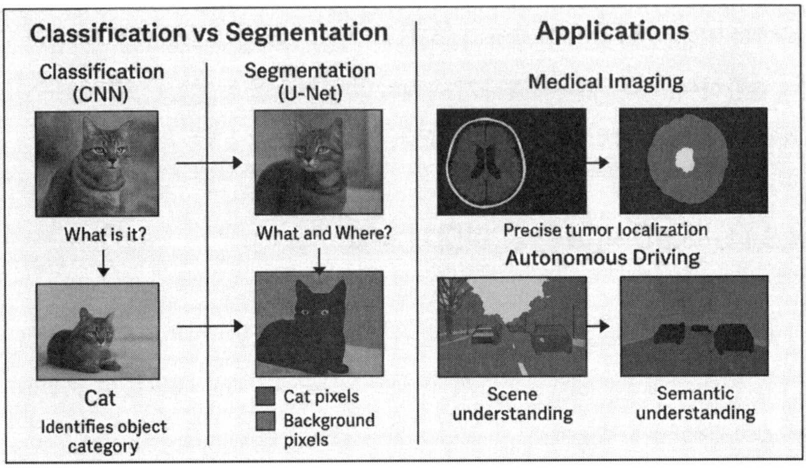

〈그림 4.7〉 U-Net을 이용한 스킵 연결과정

4.3.2 GAN: 새로운 데이터 생성 기술

기존 모델들이 주어진 데이터를 이해하고 분류하는 데 집중했다면, 생성적 적대 신경망(Generative Adversarial Network, GAN)은 아예 세상에 존재하지 않는 새로운 데이터를 '생성'하는 혁신적인 모델이다. GAN은 두 개의 신경망이 서로 적대적(Adversarial)으로 경쟁하며 학습하는 독특한 방식을 사용한다.

GAN은 생성자(Generator)와 판별자(Discriminator)라는 두 개의 신경망으로 구성된다. 생성자는 최대한 진짜 같은 가짜 데이터를 생성하는 것을 목표로 한다. 처음에는 조악한 가짜 이미지를 만들지만, 학습을 통해 점차 정교한 생성 기술을 터득한다. 판별자는 생성자가 만든 데이터가 진짜인지 가짜인지를 감별해내는 것을 목표로 한다. 진짜 데이터와 생성자가 만든 가짜 데이터를 보고, 이것이 진짜일 확률을 계산한다.

학습 초기, 생성자는 미숙한 가짜 데이터를 만들고 판별자는 이를 쉽게 구별한다. 판별자는 생성자에게 피드백을 주어 더 진짜 같은 데이터를 생성하도록 유도한다. 이 피드백을 바탕으로 생성자는 발전하고, 판별자도 더 똑똑해져서 더 정교한 가짜를 구별해내려 노력한다. 이 경쟁적인 대결이 계속 반복되면서, 결국 판별자가 더 이상 구별할 수 없을 정도로 완벽한 가짜를 생성자가 생성하게 된다.

이러한 학습 방식 덕분에 GAN은 세상에 없는 사람의 얼굴 사진을 생성하고, 유명 화가의 화풍으로 새로운 그림을 그리며, 저해상도 사진을 고해상도로 복원하는 등 창의적인 영역에서 무한한 가능성을 보여준다.

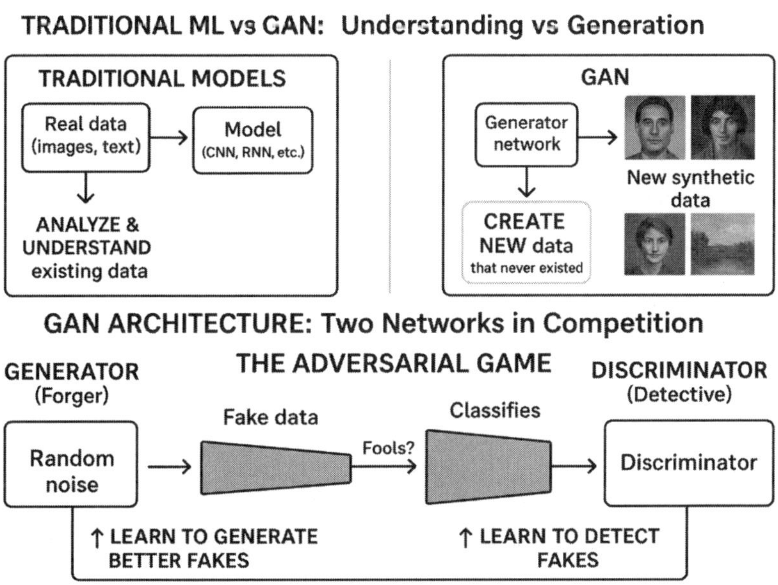

〈그림 4.8〉 GAN을 이용한 이미지 생성 과정

제5장. GPR 딥러닝을 위한 데이터 중심 전략

5.1 데이터 정규화

딥러닝 모델에게 데이터를 주기 전에, 우리는 반드시 거쳐야 할 중요한 준비 과정이 있다. 그것은 바로 모델이 데이터를 편견 없이 바라볼 수 있도록 만드는 작업이다. 예를 들어, GPR 데이터에 시간(100)과 진폭(0.5)이라는 두 가지 특징이 있다고 상상해보자. 숫자 자체만 보면 시간의 값이 진폭보다 훨씬 크다. 딥러닝 모델은 이 숫자 크기의 차이만 보고, '시간이 진폭보다 훨씬 더 중요한 정보구나'라고 섣불리 오해할 수 있다.

이처럼 각 데이터가 가진 고유의 단위와 범위(스케일) 차이 때문에 발생하는 모델의 오판을 막기 위해, 모든 데이터의 스케일을 일정한 기준으로 통일시켜주는 과정이 필요한데, 이를 데이터 정규화(Data Normalization) 또는 특성 스케일링(Feature Scaling)이라 부른다.

5.1.1 정규화란 무엇인가?

데이터 정규화는 서로 다른 저울로 잰 값들을 하나의 표준 저울로 다시 재는 것과 같다. 키(cm), 몸무게(kg), 나이(세) 등 각기 다른 단위와 범위를 가진 데이터들을 공통된 스케일로 맞추어, 모든 특징(Feature)이 동등한 출발선에서 경쟁하도록 만드는 것이다. 이는 마치 여러 나라의 화폐를 모두 미국 달러로 환전하여 그 가치를 공평하게 비교하는 것과 같은 이치이다.

정규화를 통해 모델은 데이터의 절대적인 크기가 아니라, 그 안에 담긴 상대적인 패턴과 관계에만 집중하여 학습을 진행할 수 있다.

5.1.2 대표적인 스케일링 방법

데이터의 스케일을 맞히는 데에는 여러 방법이 있지만, 가장 널리 쓰이는 두 가지 대표적인 기법이 있다.

최소-최대 정규화(Min-Max Scaling)

이름 그대로, 데이터셋의 최솟값을 0으로, 최댓값을 1로 맞추고, 다른 모든 값들은 이 0과 1 사이의 값으로 비례하게 변환하는 가장 직관적인 방법이다.

작동 방식: 모든 데이터에서 최솟값을 뺀 후, (최댓값 - 최솟값)으로 나누어 준다.
결과: 모든 데이터는 정확히 0과 1 사이의 범위에 위치하게 된다. 마치 길이가 다른 고무줄들을 모두 잡아당기거나 줄여서 1m짜리 자에 딱 맞게 만드는 것과 같다. GPR 데이터의 진폭처럼 값의 범위가 명확하게 정해져 있을 때 유용하게 쓰인다.

표준화(Standardization)

데이터의 평균을 0으로, 표준편차를 1로 변환하는 방법이다. 이는 데이터의 분포 자체를 '표준 정규분포'라는 표준화된 종 모양으로 만드는 데 초점을 맞춘다.

작동 방식: 모든 데이터에서 평균값을 뺀 후, 표준편차로 나누어 준다.
결과: 변환된 데이터는 평균 0을 중심으로 좌우대칭에 가깝게 분포하며, 이상치(outlier)가 존재하더라도 최소-최대 정규화보다 안정적으로 스케일을 조절할 수 있는 장점이 있다.

5.1.3 왜 정규화가 중요한가?

GPR 데이터 분석에서 정규화과정은 단순히 수집된 원시 데이터의 값을 보기좋게 조정하는 과정이 아니다. 이는 GPR 신호 해석의 정확도와 머신러닝 모델의 학습 안정성에 직접적인 영향을 미치는 핵심적인 전처리 단계이다.

일관된 신호 해석 기준 확립: GPR탐사 데이터는 반사 신호의 진폭, 주파수, 위상 등 다양한 물리적 특성을 포함하며, 각 특성은 서로 다른 단위와 값의 범위를 가진다. 정규화는 이러한 특정 물리량이 단지 숫자 값이 크다는 이유만으로 분석과정에서 과도한 가중치를 부여받는 것을 방지하며, 모든 데이터 특성이 동등한 조건에서 평가되도록 공정한 기준을 마련하는 것과 같은 과정이다.

효율적이고 안정적인 최적화: 정규화는 경사하강법과 같이 데이터를 기반으로 최적의 해를 찾아가는 알고리즘의 성능을 크게 향상시킨다. 정규화되지 않은 데이터는 마치 심도 보정이 제대로 이루어지지 않은 GPR 단면도와 같이, 천부의 강한 반사 신호에 가려져 심부의 미약한 신호를 제대로 판별하기 어려운 것처럼, 최적화 알고리즘 또한 특정 값에 치우쳐 전체 데이터를 아우르는 최적의 해석 결과를 찾는 데 오랜 시간이 걸릴 수 있다. 반면, 정규화된 데이터는 모든 신호가 일정한 범위 내에서 평가되므로, 알고리즘에 훨씬 빠르고 안정적으로 목표 지점에 도달하도록 돕는다.

결론적으로 GPR 데이터 분석, 특히 딥러닝을 적용하는 과정에서 데이터 정규화는 분석 결과의 신뢰도를 보장하기 위한 필수적인 절차이다. 이 기본적인 데이터 보정 단계가 최종적인 지하 매질 및 객체 탐지 성능을 극적으로 향상시킬 수 있다는 점을 반드시 기억해야 한다.

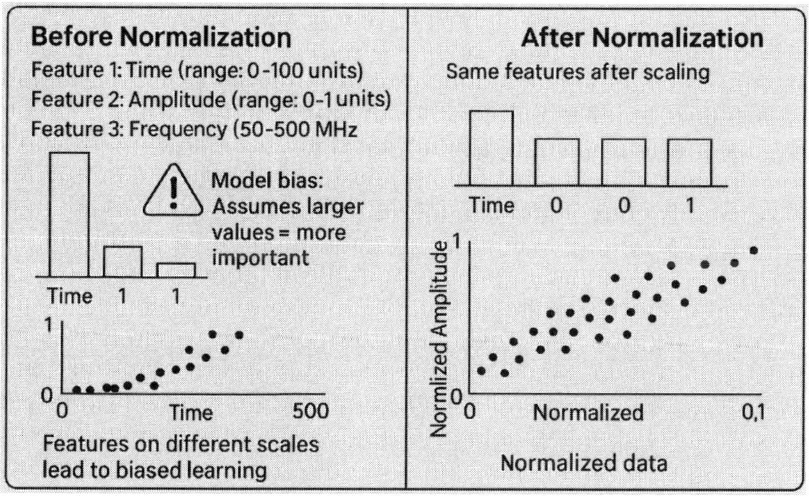

〈그림 4.9〉 데이터 표준화의 개념과 방법

5.2 데이터 증강

딥러닝 모델의 성능은 먹는 음식의 질과 양에 따라 결정된다. 모델에게 가장 좋은 음식은 바로 방대하고 다양한 데이터이다. 하지만 현실 세계에서 양질의 데이터를 대량으로 확보하는 것은 결코 쉬운 일이 아니다. 특히 GPR 데이터처럼 전문가의 시간과 노력이 필요한 데이터를 수천, 수만 개씩 모으는 것은 거의 불가능에 가깝다.

데이터가 부족한 상태에서 모델을 훈련시키면, 모델은 몇 안 되는 데이터의 특징을 통째로 외워버리는 과적합(Overfitting)에 빠지기 쉽다. 이는 마치 몇 문제 안 되는 족집게 문제집만 풀고 시험장에 들어간 학생과 같다. 연습 문제는 완벽하게 풀지만, 처음 보는 응용 문제는 전혀 풀지 못하는 것이다.

이러한 데이터 부족 문제를 해결하기 위해, 마치 마법처럼 적은 데이터를 풍부하게 불려주는 기술이 바로 데이터 증강(Data Augmentation)이다.

5.2.1 데이터 증강의 원리: 규제 기법으로서의 역할

데이터 증강(Data Augmentation)은 제한된 원본 데이터에 체계적인 변환을 적용하여, 통계적으로 유의미하고 새로운 학습 샘플을 인위적으로 생성하는 기법이다. 이는 단순히 훈련 데이터셋의 양적 규모를 확장하는 것을 넘어, 모델의 일반화 오류(generalization error)를 줄이고 과적합(overfitting)을 억제하는 강력한 규제(regularization) 기법으로 작용한다.

이 기법의 핵심 원리는 데이터에 대한 사전 지식, 즉 데이터 불변성(invariance)을 훈련 과정에 주입하는 것이다. 예를 들어, 특정 객체의 이미지를 좌우로 반전시키거나 약간의 잡음을 추가해도 해당 객체의 본질적인 정체성(class label)은 변하지 않는다는 불변성을 모델에게 가르친다. 딥러닝 모델은 이렇게 변형된 데이터들을 완전히 새로운 샘플로 인식하고 학습 과정에 활용한다. 이를 통해 모델은 제한된 훈련 데이터에만 존재하는 우연한 통계적 특성을 암기하는 대신, 다양한 변형에도 강건하게 반응하는 본질적인 특징(robust features)을 학습하도록 강제된다. 결과적으로 이는 과적합을 방지하고, 실제 현장에서 마주칠 미지의 데이터에 대한 예측 성능, 즉 일반화 능력을 향상시킨다.

GPR 데이터에 증강 기법을 적용할 때는 물리적 타당성을 유지하는 것이 무엇보다 중요하다. B-스캔 이미지는 단순한 시각적 표현이 아니라, 측선 위치(x축)와 전파 시간(y축)이라는 물리적 차원으로 구성된 데이터이기 때문이다. 따라서 임의의 회전이나 수직 뒤집기와 같은 일반적인 이미지 증강 기법은 데이터의 물리적 의미를 파괴하여 모델 성능에 해를 끼칠 수 있다. 대신, 다음과 같이 실제 데이터 수집 과정에서 발생할 수 있는 현실적인 변화를 모사하는 증강 기법이 사용된다.

5.2.2 GPR 데이터에서의 증강

GPR B-스캔 데이터는 2차원 이미지 형태를 띠므로 데이터 증강 기법의 적용이 가능하다. 그러나 B-스캔의 x축은 측선 상의 위치를, y축은 양방향 전파 시간(two-way travel time)을 나타내는 물리적 측정값이므로, 일반적인 이미지 증강 기법을 무분별하게 적용해서는 안 된다. 임의의 회전, 전단(shearing)과 같은 변환은 데이터의 고유한 물리적 의미를 파괴하여 모델 성능을 저하시킬 수 있다. 따라서 GPR 데이터 증강은 실제 탐사 환경에서 발생할 수 있는 물리적 변화를 정밀하게 모사하는 방향으로 신중하게 접근해야 한다.

잡음 추가(Adding Noise): 실제 현장에서 수집된 GPR 데이터는 장비의 열잡음(thermal noise)이나 외부의 라디오 주파수 간섭(Radio Frequency Interference, RFI)과 같은 다양한 전자기적 잡음에 의해 오염되는 경우가 많다. 원본 데이터에 가우시안 백색 잡음(Gaussian white noise)과 같은 인위적인 잡음을 추가하는 것은 이러한 현실적인 탐사 조건을 시뮬레이션한다. 이를 통해 모델은 다양한 신호 대 잡음비(Signal-to-Noise Ratio, SNR) 환경에서도 강건하게(robust) 목표 신호를 탐지하도록 훈련된다.

시간 및 위치 이동(Time and Positional Shifting): B-스캔 레이더그램을 수평 또는 수직으로 미세하게 이동시키는 것은 탐사 과정의 미세한 변동성을 모사한다. 수평 이동은 측선 시작점의 미세한 변화나 탐사 간격의 불일치를 시뮬레이션하며, 수직 이동(시간 이동, Time-Shifting)은 토양의 전파 속도 변화나 지표면의 미세한 굴곡으로 인한 목표물의 깊이 변화를 반영한다. 이러한 변환은 모델이 목표물의 절대적인 위치나 깊이 값에 과적합되는 것을 방지하고, 위치 불변성(positional invariance)을 학습하도록 유도한다.

진폭 조절(Amplitude Scaling): 반사 신호의 진폭(amplitude)을 조절하는 것은 신호 감쇠(attenuation)의 변화를 모사하는 효과적인 방법이다. 신호 감쇠는 토양의 수분 함량, 점토 구성비 등 매질의 전자기적 특성 변화나 목표물의 재질 및 크기에 따른 반사율(reflectivity) 차이로 인해 발생한다. 진폭 스케일링을 통해 모델은 다양한 토양 조건과 목표물 특성에 따른 신호 강도 변화에 대해 강건한 예측 성능을 갖추게 된다.

좌우 반전(Horizontal Flip): B-스캔 이미지를 수평으로 뒤집는 것은 측선을 반대 방향에서 스캔하는 것과 물리적으로 유사한 효과를 가진다. 이는 위치(x축)와 시간(y축)의 관계를 유지하므로, 일반적으로 GPR 데이터에 안전하게 적용할 수 있는 증강 기법이다.

회전(Rotation): 임의의 각도로 이미지를 회전시키는 것은 B-스캔의 수평축(위치)과 수직축(시간) 사이의 물리적 관계를 심각하게 왜곡하므로 GPR 데이터에는 원칙적으로 부적합하다. 다만, 안테나의 미세한 기울어짐을 모사하기 위해 매우 작은 각도(예: 1~2도)의 회전을 제한적으로 적용하는 것은 고려될 수 있다.

자르기 및 확대(Cropping and Scaling): 이미지의 일부를 잘라내는(cropping) 것은 목표물의 일부만 탐지되거나 신호가 이미지 경계에 걸쳐 있는 상황을 시뮬레이션할 수 있어 유용하다. 또한, 이미지의 크기를 조절(scaling)하는 것도 가능하지만, 물리적 왜곡을 피하기 위해 가로세로 비율을 유지하거나 신중하게 적용해야 한다.

색상 및 밝기 조절(Color and Brightness Adjustment): 이미지의 밝기나 대비를 조절하는 것은 GPR 신호 처리에서 진폭 조절(Amplitude Scaling)이나 이득 보상(Gain Compensation)과 유사한 효과를 낸다. 이는 토양의 감쇠 특성 변화나 수신 이득 설정의 차이를 모사하여 모델의 강건성을 높이는 데 기여할 수 있다.

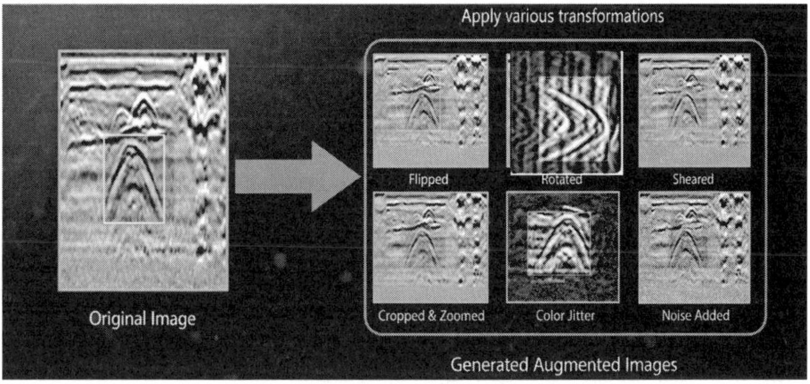

〈그림 5.2〉 GPR 데이터 증강의 예시

5.2.3 데이터 증강의 효과

데이터 증강은 단순히 훈련 데이터셋의 양적 규모를 확장하는 것을 넘어, 딥러닝 모델의 성능과 신뢰도를 근본적으로 향상시키는 다차원적인 이점을 제공한다.

과적합 억제 및 일반화 성능 향상: 데이터 증강은 모델의 일반화 오류(generalization error)를 줄이기 위한 강력한 규제(regularization) 기법으로 작용한다. 제한된 훈련 데이터에만 존재하는 우연한 통계적 패턴을 모델이 암기하는 과적합 현상을 방지한다. 대신, 다양한 변형(transformation)을 통해 데이터에 내재된 불변성(invariance)을 학습하도록 강제함으로써, 이전에 보지 못한 새로운 데이터에 대해서도 안정적인 예측을 수행할 수 있는 일반화 능력을 극대화한다.

모델 강건성(Robustness) 확보: 실제 현장에서 수집되는 데이터는 잡음, 신호 감쇠, 위치 오차 등 다양한 변동성을 포함한다. 데이터 증강은 이러한 현실 세계의 불확실성을 훈련 과정에 의도적으로 주입하는 역할을 한다. 이를 통해 모델은 이상적인 조건의 데이터뿐만 아니라, 예측하지 못한 교란 요인이 포함된 데이터에 대해서도 유연하고 강건하게 대처하는 능력을 갖추게 된다.

데이터 구축의 비용 효율성: GPR 탐사와 같이 전문가의 개입이 필수적이고 물리적인 시간과 비용이 많이 소요되는 분야에서 대규모의 고품질 데이터를 확보하는 것은 상당한 제약이 따른다. 데이터 증강은 기존에 확보된 소수의 데이터를 효과적으로 활용하여 훈련 데이터셋을 확장함으로써, 추가적인 데이터 수집 및 레이블링에 필요한 막대한 자원을 절감할 수 있는 가장 경제적이고 효율적인 대안이다.

결론적으로 데이터 증강은 데이터 확보가 어려운 전문 분야에서 딥러닝 모델의 잠재력을 최대한으로 이끌어내기 위한 필수적인 공학적 기법이다. 이는 단순히 데이터를 복제하는 것을 넘어, 보유한 데이터의 정보 가치를 극대화하고 모델의 근본적인 학습 방식을 제어하여 최종 성능을 향상시키는 핵심적인 데이터 중심(data-centric) 전략이라 할 수 있다.

5.3 고급 데이터 증강 기법

GPR 분야와 같은 전문 영역에서는 고품질의 라벨링된 데이터를 대량으로 확보하기가 매우 어렵고 비용이 많이 든다. 데이터 증강(Data Augmentation)은 기존에 보유한 데이터를 변형하여 학습 데이터의 양을 인위적으로 늘리는 기술로, 모델의 과적합을 방지하고 일반화 성능을 향상시키는 데 결정적인 역할을 한다. 현대 AI 개발 패러다임은 단순히 더 좋은 모델을 찾는 '모델 중심(model-centric)' 접근에서, 더 좋은 데이터를 만드는 '데이터 중심(data-centric)' 접근으로 전환되고 있으며, 고급 데이터 증강은 그 핵심 전략이다. 이는 단순히 데이터의 양을 늘리는 것을 넘어, 모델이 더 어려운 예시를 학습하게 함으로써 강건함(robustness)을 키우는 규제(regularization) 효과를 낳는다.

5.3.1 전통적 증강 기법의 한계

가장 기본적인 데이터 증강 기법으로는 이미지에 기하학적 변환을 가하는 방법들이 있다. GPR B-scan 이미지에 대해 좌우 반전(horizontal flipping), 작은 각도의 회전(rotation), 이동(translation), 크기 조절(scaling) 등을 적용할 수 있다. 또한, 이미지에 가우시안 노이즈(Gaussian noise)를 추가하거나 밝기, 대비를 조절하는 방법도 모델이 다양한 노이즈 환경에 강건해지도록 돕는다. 이러한 기법들은 구현이 간단하고 효과적이지만, 생성되는 데이터가 원본의 분포를 크게 벗어나지 않는다는 한계가 있다.

5.3.2 믹스업과 컷믹스: 데이터 분포를 확장하는 혼합기법

최근에는 단순히 이미지를 변형하는 것을 넘어, 여러 이미지를 '혼합'하는 고급 증강 기법들이 제안되었다. 믹스업(Mixup)은 두 개의 이미지를 일정 비율로 선형 보간(linear interpolation)하여 새로운 이미지를 만들고, 라벨 또한 동일한 비율로 혼합하는 방식이다. 예를 들어, '공동' 이미지와 '파이프' 이미지를 7:3 비율로 섞어 새로운 학습 데이터를 생성한다. 이 방식은 모델이 데이터 샘플들 사이의 연속적인 공간을 학습하게 함으로써 결정 경계(decision boundary)를 부드럽게 만들고, 예측에 대해 과도한 확신을 갖는 것을 방지하는 강력한 규제 효과를 가진다.

컷믹스(CutMix)는 한 이미지의 일부 영역을 잘라내어 다른 이미지의 동일 위치에 붙여넣는 방식이다. 라벨은 각 이미지가 차지하는 면적의 비율에 따라 혼합된다. 이 기법은 모델이 이미지의 일부 영역만 보고도 객체를 판단하도록 강제하여, 객체의 전체 모습에만 의존하지 않고 지역적인 특징(local feature)에 더 집중하도록 유도한다. 이는 GPR 이미지에서 객체가 일부만 나타나거나 다른 신호와 겹쳐 있는 경우에 대한 탐지 성능을 향상시키는 데 효과적이다.

5.3.3 모자이크: 다중 이미지를 활용한 컨텍스트 증강

모자이크(Mosaic) 증강은 YOLOv4, YOLOv5와 같은 객체 탐지 모델에서 널리 사용되는 기법으로, 4개의 다른 학습 이미지를 무작위로 잘라 하나의 큰 이미지로 조합하는 방식이다. 이 방법은 여러 가지 중요한 이점을 제공한다. 첫째, 모델이 평소보다 작은 크기의 객체들을 학습하게 되어 다양한 스케일에 대한 탐지 능력이 향상된다. GPR 이미지에서 다양한 크기의 공동이나 매설물을 탐지해야 할 때 특히 유용하다. 둘째, 여러 이미지의 컨텍스트가 한 번에 주어지므로, 모델이 객체를 비정상적인 위치나 배경에서도 인식하는 능력을 기를 수 있다. 셋째, 배치 정규화(Batch Normalization) 시 4개의 다른 이미지 통계가 한 번에 계산되어 학습 안정성에 기여한다. 이러한 고급 증강 기법들은 GPR 데이터처럼 수집이 어려운 데이터셋의 잠재력을 최대한으로 끌어내는 필수적인 도구이다.

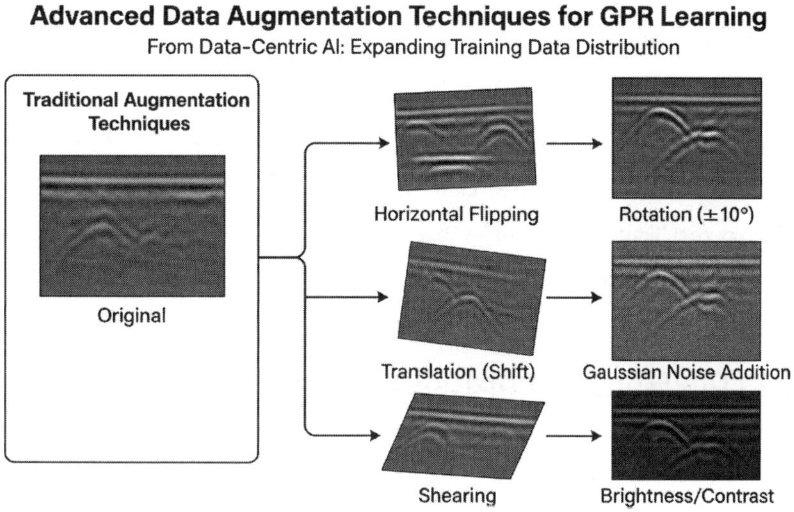

〈그림 5.3〉 고급 데이터 증강 기법

5.4 학습 데이터 구성

딥러닝 모델의 성공적인 개발은 알고리즘의 정교함이나 연산 능력보다 선행되는 데이터 준비 과정의 방법론적 엄격성에 의해 결정된다. 고품질의 학습 데이터를 구성하는 것은 모델의 성능과 일반화 능력을 보장하기 위한 가장 기초적이면서도 결정적인 단계이다. 이 과정은 모델이 학습할 '정답', 즉 Ground Truth를 정의하는 어노테이션(Annotation)과 모델의 성능을 편향 없이 공정하게 평가하기 위한 데이터셋 분할로 구성된다.

5.4.1 어노테이션(Annotation)

어노테이션은 원시 데이터(raw data)에 해석적 정보, 즉 레이블(label)을 부여하여 모델이 학습할 정답을 명시하는 과정이다. 지도 학습(Supervised Learning) 패러다임에서 이 과정은 모델이 데이터 내의 특정 패턴과 그에 상응하는 결과 사이의 관계를 학습하는 기반을 제공한다

정의: 이미지 분류 모델을 예로 들면, 각 이미지에 '고양이' 또는 '개'와 같은 범주형 레이블을 할당하는 모든 작업이 어노테이션에 해당한다.

GPR 데이터 어노테이션의 특수성: 일반적인 이미지와 달리 GPR B-scan 데이터의 어노테이션은 시각적 인식을 넘어 전자기파 전파 현상에 대한 깊은 물리적 이해와 전문 지식을 요구한다. 낮은 신호 대 잡음비(SNR), 클러터(clutter)에 의한 허위 신호, 불규칙한 쌍곡선 형태 등은 비전문가가 일관되고 정확한 레이블을 생성하기 어렵게 만드는 주요 요인이다. GPR 데이터에 대한 주요 어노테이션 방식은 다음과 같다.

분류(Classification) 어노테이션: B-scan 이미지 전체에 대해 "지하 공동 존재/부재"와 같이 단일의 범주형 레이블을 할당하는 방식이다.

분할(Segmentation) **어노테이션:** B-scan 이미지 내에서 특정 목표물(예: 공동, 파이프)이 차지하는 영역을 픽셀 단위로 정밀하게 지정하는 방식이다. 이는 U-Net과 같은 의미론적 분할(semantic segmentation) 모델의 훈련에 필수적이며, 가장 노동 집약적이고 높은 수준의 전문성을 요구한다.

어노테이션의 품질은 모델 성능의 이론적 상한선을 직접적으로 결정한다. "Garbage In, Garbage Out" 원칙이 명확히 적용되는 영역으로, 부정확하거나 비일관적인 레이블로 구성된 데이터셋은 아무리 뛰어난 모델이라도 실제 환경에서 유효한 예측을 생성하는 능력을 근본적으로 저해한다.

〈그림 5.4〉 객체탐지 라벨링 예시

5.4.2 데이터셋 분할

전체 데이터를 모델 훈련에 모두 사용하는 것은 모델의 일반화 성능(generalization performance)을 평가하는 데 있어 심각한 방법론적 오류를 야기한다. 이는 모델이 학습한 데이터에 대해 스스로를 평가하는 것과 같아, 실제 미지의 데이터에 대한 성능을 대변하지 못하는 과적합된(overfitted) 결과를 도출하게 된다. 모델의 실제 성능, 즉 새로운 데이터에 대한 일반화 능력을 통계적으로 유효하고 편향 없이(unbiased) 평가하기 위해서는, 전체 데이터셋을 목적에 따라 상호 배타적인 세 개의 하위 집합으로 분할하는 엄격한 프로토콜이 필수적이다.

훈련 데이터셋(Training Set): 전체 데이터의 가장 큰 비중(일반적으로 60-80%)을 차지하며, 모델의 내부 파라미터(가중치와 편향)를 학습시키는 데 직접적으로 사용된다. 모델은 이 데이터셋을 반복적으로 학습하며 손실 함수(loss function)를 최소화하는 방향으로 경사 하강법(gradient descent)과 같은 최적화 알고리즘을 통해 파라미터를 갱신한다.

검증 데이터셋(Validation Set): 훈련 과정 중에 모델의 성능을 주기적으로 평가하기 위해 사용되는 독립적인 데이터셋(약 10-20%)이다. 모델 파라미터 학습에 직접 관여하지 않으며, 오직 학습률(learning rate), 규제 강도(regularization strength)와 같은 하이퍼파라미터(hyperparameter)를 튜닝하고 최적의 모델 아키텍처를 선택하는 기준으로 활용된다. 특히, 검증 데이터셋의 성능이 더 이상 개선되지 않을 때 훈련을 조기 종료(early stopping)하여 과적합을 방지하는 데 결정적인 역할을 한다.

테스트 데이터셋(Test Set): 모든 훈련 및 검증 기반의 모델 선택 과정이 완료된 후, 최종 모델의 일반화 성능을 단 한 번 평가하기 위해 사용되는 신성불가침의(held-out) 데이터셋(약 10-20%)이다. 이 데이터셋은 훈련 및 검증 과정에서 어떠한 정보도 제공하지 않아야 하며, 이를 통해 얻은 성능 지표가 해당 모델의 실제 현장 성능에 대한 가장 신뢰도 높은 추정치가 된다. 만약 이 데이터셋이 모델 튜닝 과정에 사용된다면, 이는 '데이터 누수(data leakage)'를 발생시켜 평가의 공정성을 심각하게 훼손한다.

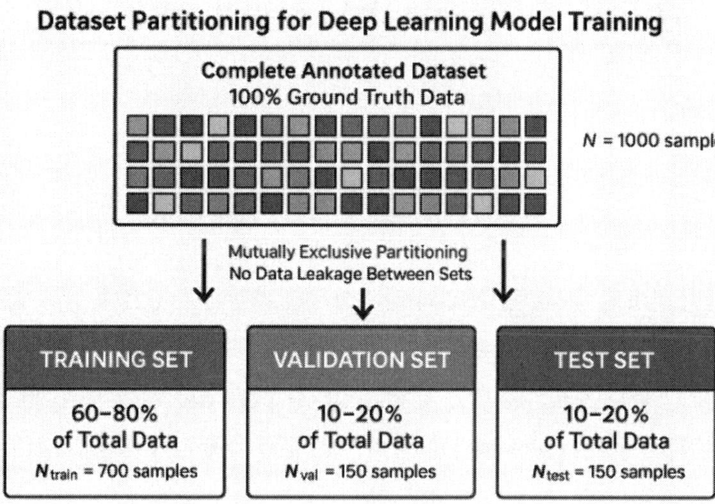

〈그림 5.5〉 데이터셋 분할의 예시

결론적으로, 고품질의 어노테이션을 통해 Ground Truth를 정의하고, 이를 훈련, 검증, 테스트 세트로 방법론적으로 엄격하게 분할하는 것은 딥러닝 프로젝트의 신뢰성과 재현성을 보장하는 가장 근본적인 실험 설계 원칙이다. 이는 특정 데이터셋에만 능숙한 모델이 아닌, 어떠한 미지의 데이터가 주어져도 안정적인 성능을 발휘하는 강건한(robust) 모델을 구축하는 과정의 핵심이다.

제6장. GPR 딥러닝 모델의 정밀 구현

6.1 모델 설계 및 학습 과정

딥러닝 모델의 개발은 초기화된 가중치를 가진 신경망을 특정 과업에 최적화된 전문가 시스템으로 훈련시키는 과정에 비유할 수 있다. 이 과정은 해결하고자 하는 문제의 유형을 명확히 정의하고(모델 설계), 가장 효과적인 최적화 전략을 수립하며(학습 전략 수립), 반복적인 훈련과 평가를 통해 모델의 파라미터를 최적화하는(학습) 단계로 구성된다.

6.1.1 모델 아키텍처 설계

가장 우선적인 단계는 분석 대상이 되는 GPR 데이터의 특성과 해결하고자 하는 과업의 유형을 명확히 정의하고, 이를 가장 효과적으로 처리할 수 있는 신경망의 구조, 즉 모델 아키텍처(Model Architecture)를 결정하는 것이다. 이는 특정 지반 조건과 탐사 목적에 맞는 GPR 장비와 안테나 주파수를 선택하는 과정과 같이, 문제의 본질에 가장 적합한 도구를 선택하는 근본적인 설계 단계이다.

과업 정의(Task Definition): 해결하고자 하는 문제는 다음과 같이 구체화될 수 있다.

분류(Classification): GPR B-scan 이미지 전체에 대해 '지하 공동 존재/부재'와 같이 이산적인 범주형 레이블을 할당하는 과업.

분할(Segmentation): B-scan 이미지 내에서 특정 객체(예: 공동, 매설관)가 차지하는 영역을 픽셀 단위로 정밀하게 식별하고 경계를 구분하는 과업.

복원(Restoration) 및 잡음 제거(Denoising): 클러터(clutter) 및 랜덤 노이즈에 의해 오염된 GPR 신호로부터 유의미한 반사 신호를 복원하거나 잡음을 제거하여 신호 대 잡음비(SNR)를 향상시키는 과업.

과업에 적합한 아키텍처 선택: 정의된 과업 유형에 따라 특정 구조가 내재적으로 유리한 성능을 발휘하는 모델, 즉 적절한 귀납적 편향(inductive bias)을 가진 아키텍처를 선택해야 한다.

CNN(합성곱 신경망): 공간적 계층 구조를 통해 이미지의 지역적 특징(local features)을 효율적으로 추출하고 이를 조합하여 전역적인 표현(global representation)을 학습한다. 따라서 GPR 단면의 이상체 유무를 판단하는 분류 과업에 가장 보편적으로 사용된다.

U-Net: 인코더-디코더(Encoder-Decoder) 구조와 스킵 연결(skip connections)을 통해, 특징 추출 과정에서 손실될 수 있는 고해상도의 공간 정보를 효과적으로 복원한다. 이는 픽셀 단위의 정밀한 예측을 가능하게 하므로, GPR 단면 내 객체의 경계를 식별하는 의미론적 분할 과업의 표준 아키텍처로 간주된다.

GAN(생성적 적대 신경망): 생성자(Generator)와 판별자(Discriminator)가 적대적 학습(adversarial training)을 통해 경쟁하는 구조로, 실제 GPR 데이터의 복잡한 통계적 분포를 학습하여 물리적으로 타당한 합성 B-scan 데이터를 생성하는 데 활용될 수 있다. 이는 데이터 증강이나 복원 과업에 적용될 수 있다.

올바른 모델 아키텍처의 선택은 프로젝트의 기술적 방향을 결정하고 달성 가능한 성능의 상한선을 설정하는 가장 중요한 초기 단계이다.

6.1.2 학습 전략 수립

모델 아키텍처가 설계된 후에는 학습 과정을 정밀하게 제어하기 위한 구체적인 전략을 수립해야 한다. 이 과정에서 모델의 내부 파라미터(가중치 등)와는 달리, 데이터로부터 학습되지 않고 개발자가 사전에 직접 설정하여 학습의 방향과 속성을 제어하는 외부 변수들을 하이퍼파라미터(Hyperparameter)라고 칭한다.

손실 함수(Loss Function): 모델의 예측 값과 실제 정답(Ground Truth) 사이의 불일치 정도를 정량적으로 측정하는 목적 함수(Objective Function)이다. 학습 과정은 이 손실 함수의 값을 최소화하는 방향으로 진행된다. (예: 분류 과업에서는 교차 엔트로피(Cross-Entropy) 손실 사용)

옵티마이저(Optimizer): 손실 함수로부터 계산된 그래디언트(gradient)를 사용하여, 모델의 내부 파라미터를 어떻게 갱신할지를 결정하는 최적화 알고리즘이다. (예: Adam, SGD)

학습률(Learning Rate): 최적화 과정에서 각 반복(iteration)마다 파라미터를 갱신하는 보폭(step size)을 결정하는 스칼라 값이다. 학습률이 너무 높으면 최적해를 찾지 못하고 발산(diverge)할 수 있으며, 너무 낮으면 학습 속도가 지나치게 느려지거나 지역 최솟값(local minimum)에 수렴할 위험이 있다.

배치 크기(Batch Size): 한 번의 파라미터 갱신에 사용되는 훈련 데이터 샘플의 개수이다. 그래디언트 추정의 정확성과 계산 리소스(메모리) 효율성 간의 상충 관계를 고려하여 결정된다.

에폭(Epoch): 전체 훈련 데이터셋이 모델 학습에 한 번 사용되는 완전한 주기를 의미하는 단위이다.

이러한 하이퍼파라미터들의 조합은 모델의 학습 안정성, 수렴 속도, 그리고 최종적인 일반화 성능에 결정적인 영향을 미친다. 따라서 체계적인 실험과 검증 데이터셋을 통한 평가를 바탕으로, 주어진 과업과 데이터셋에 가장 적합한 하이퍼파라미터 조합을 탐색하는 과정, 즉 하이퍼파라미터 최적화(Hyperparameter Optimization)는 모델 개발의 핵심적인 단계이다.

6.1.3 학습 루프: 훈련과 검증의 반복

모든 설계와 전략 수립이 완료되면, 모델의 파라미터를 최적화하기 위한 본격적인 훈련, 즉 학습 루프(Learning Loop)를 시작한다. 이는 다음과 같은 핵심적인 단계들의 반복으로 구성된다.

순전파(Forward Propagation)**:** 모델은 훈련 데이터셋(Training Set)으로부터 하나의 배치(batch)를 입력받아, 현재의 가중치를 기반으로 예측 값을 출력한다.
손실 계산(Loss Calculation)**:** 모델의 예측 값과 실제 정답(Ground Truth) 사이의 오차를 손실 함수(Loss Function)를 통해 정량적으로 계산한다.
역전파(Backpropagation)**:** 계산된 손실 값을 기반으로, 손실에 대한 각 파라미터(가중치)의 기여도, 즉 그래디언트(gradient)를 연쇄 법칙(chain rule)에 따라 계산한다. 이 그래디언트는 손실을 줄이기 위해 각 파라미터가 조정되어야 할 방향과 크기를 나타낸다.
파라미터 갱신(Weight Update)**:** 옵티마이저(Optimizer)는 역전파를 통해 계산된 그래디언트를 사용하여 모델의 모든 파라미터를 갱신한다. 이 과정을 통해 모델은 점진적으로 손실이 낮은 방향으로 개선된다.
반복: 이 네 가지 단계는 전체 훈련 데이터셋에 대해 지정된 에폭(Epoch) 수만큼 수없이 반복된다.

과적합 방지를 위한 검증 기반의 중간 평가

모델이 훈련 데이터셋에 대해서만 반복적으로 학습할 경우, 해당 데이터의 특정 패턴과 노이즈까지 암기하여 새로운 데이터에 대한 일반화 성능이 저하되는 과적합(Overfitting) 현상이 발생할 수 있다. 이를 방지하고 모델의 일반화 성능을 객관적으로 모니터링하기 위해, 훈련 과정에 직접 사용되지 않는 독립적인 검증 데이터셋(Validation Set)을 주기적으로 활용한다.

일반적으로 한 에폭(Epoch)의 훈련이 종료될 때마다, 모델은 학습 과정에 사용되지 않은 검증 데이터셋으로 성능 평가를 수행한다.

개발자는 두 가지 핵심 지표, 즉 훈련 손실(Training Loss)과 검증 손실(Validation Loss)의 추이를 지속적으로 관찰한다.

두 손실 값이 함께 감소하는 경우: 모델이 효과적으로 학습하며 일반화되고 있는 이상적인 상태이다.

훈련 손실은 계속 감소하지만, 검증 손실이 특정 시점부터 정체되거나 오히려 증가하는 경우: 이는 과적합이 시작되었음을 나타내는 명백한 신호이다. 이 분기점은 종종 조기 종료(Early Stopping)의 기준으로 활용되어, 모델이 과적합되기 전 최적의 일반화 성능을 가진 상태에서 훈련을 중단하는 데 사용된다.

이처럼 체계적인 설계, 하이퍼파라미터 설정, 그리고 훈련과 검증의 반복적인 학습 루프를 통해, 주어진 과업에 대해 최적의 성능을 발휘하는 강건하고 일반화된 전문가 모델을 최종적으로 구축하게 된다.

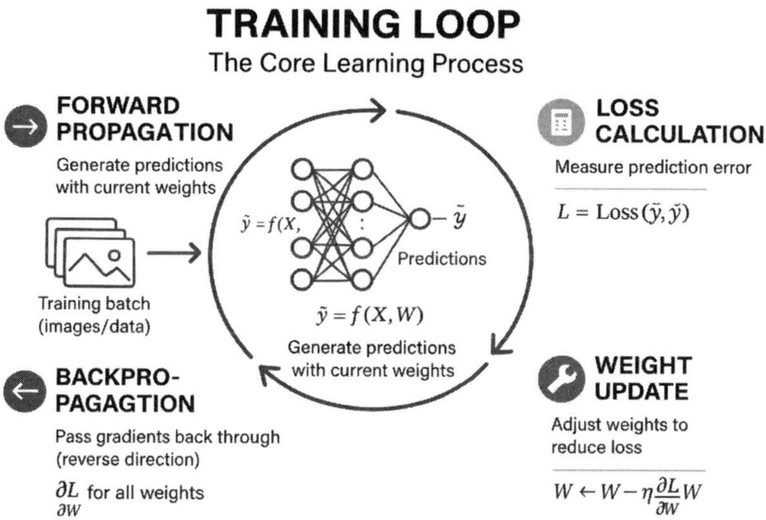

〈그림 6.1〉 학습 루프 프로세스

6.2 분류, 객체 탐지, 회귀 문제 적용

잘 훈련된 딥러닝 모델은 GPR 데이터 분석에서 제기되는 다양한 유형의 정량적 질문에 답을 제공할 수 있다. GPR 데이터 해석에 적용되는 딥러닝의 주요 과업은 크게 세 가지, 즉 분류(Classification), 객체 탐지(Object Detection), 그리고 회귀(Regression)로 구분할 수 있다. 이는 각각 "탐지된 신호가 무엇인가?", "그것의 정확한 위치는 어디인가?", "그것의 물리적 속성(예: 깊이, 크기)은 얼마인가?"라는 근본적인 질문에 해당한다.

6.2.1 분류(Classification)

분류는 주어진 데이터 입력을 사전에 정의된 범주(category) 중 하나로 할당하는 가장 기본적인 지도 학습 과업이다.

이진 분류(Binary Classification)**:** 특정 GPR B-scan 이미지 전체에 대해 "지하 공동(cavity)이 존재하는가, 존재하지 않는가?"와 같이 두 개의 상호 배타적인 클래스 중 하나로 판별하는 문제.

다중 클래스 분류(Multi-class Classification)**:** B-scan 이미지에서 탐지된 이상 신호(anomaly)가 "파이프인가, 공동인가, 혹은 암반(호박돌)인가?"와 같이 세 개 이상의 정의된 클래스 중 하나로 식별하는 문제.

작동 방식: 훈련된 CNN(합성곱 신경망) 모델은 입력된 GPR B-scan 이미지의 전체적인 공간적, 시간적 특징을 분석하여 고차원의 특징 벡터(feature vector)를 추출한다. 이후, 모델의 최종 출력층(일반적으로 Softmax 활성화 함수 사용)은 각 사전 정의된 클래스에 대한 확률 값을 계산하여 출력한다. 예를 들어, "입력 데이터는 95%의 확률로 '공동' 클래스에 속하며, 5%의 확률로 '암반(호박돌)' 클래스에 속한다"와 같은 정량적인 예측 결과를 제공한다.

6.2.2 객체 탐지(Object Detection)

객체 탐지는 분류 과업을 확장하여, 이미지 내에 존재하는 특정 객체의 종류를 식별할 뿐만 아니라, 그것의 정확한 공간적 위치와 범위를 경계 상자(Bounding Box)로 특정하는 더 복잡하고 정보 집약적인 기술이다.

GPR 적용 예시: 단일 GPR B-scan 내에 존재하는 모든 파이프의 위치를 각각의 경계 상자로 표시. 도로 하부에 분포하는 다수의 잠재적 공동들의 위치와 상대적 크기를 식별하고 시각화.

작동 방식: YOLO나 Faster R-CNN과 같은 객체 탐지 모델은 GPR B-scan 이미지를 입력받아 지하 매설물이나 공동이 생성하는 특징적인 전자기파 반사 신호, 특히 쌍곡선(Hyperbola) 패턴을 학습하여 탐지한다. 모델은 이러한 특징적인 패턴이 나타나는 위치에 경계 상자를 예측하고, 동시에 해당 상자 내에 존재하는 객체의 클래스(예: '파이프', '공동')와 탐지에 대한 신뢰도 점수(confidence score)를 함께 출력한다. 이 방식은 여러 개의 지하 구조물이 복잡하게 중첩되어 나타나는 실제 현장 데이터 분석에서 매우 강력한 도구로 활용된다.

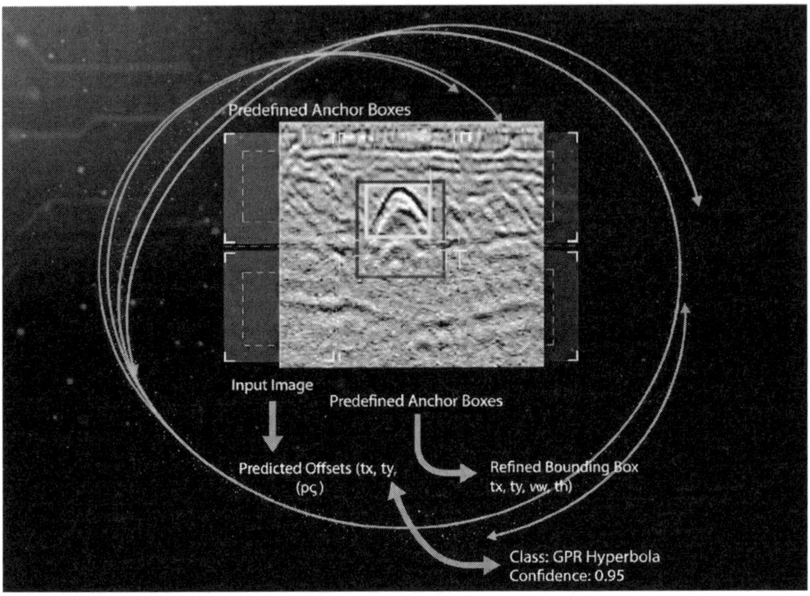

〈그림 6.2〉 앵커 박스를 이용한 바운딩 박스 획득

6.2.3 바운딩 박스와 앵커 박스

객체 탐지(Object Detection) 모델에서 바운딩 박스(Bounding Box)와 앵커 박스(Anchor Box)는 객체의 공간적 위치를 특정하기 위한 핵심 요소이지만, 그 개념적 역할과 기술적 기능에서 명확한 차이를 보인다. 바운딩 박스는 탐지의 목표(Target)이자 결과(Output)이며, 앵커 박스는 그 목표를 효율적으로 달성하기 위한 사전 확률(Prior) 또는 참조 프레임(Reference Frame)으로 기능한다.

1. 바운딩 박스(Bounding Box): 실측 정보와 모델의 최종 추정치

바운딩 박스는 이미지 좌표계 내에서 객체의 위치와 크기를 정의하는 파라미터화된 사각형이다. 이는 학술적으로 두 가지 형태로 구분된다.

1) Ground-Truth Bounding Box: 데이터셋 구축 단계에서 어노테이터(annotator)에 의해 명시된, 객체의 실제 위치에 대한 감독 신호(Supervisory Signal)이다. 이는 모델 학습 과정에서 회귀(Regression)의 목표가 되며, 손실함수(Loss Function)는 예측된 바운딩 박스와 이 Ground-Truth 간의 차이를 최소화하는 방향으로 최적화된다. 표현 방식으로는 주로 (x, y, w, h) (중심점 좌표, 너비, 높이) 또는 (xmin, ymin, xmax, ymax) (두 꼭짓점 좌표)가 사용된다.

2) Predicted Bounding Box: 모델이 추론(Inference)을 통해 최종적으로 출력하는 객체 위치에 대한 가설(Hypothesis)이다. 이 예측값은 모델의 회귀 계층(Regression Layer)을 통해 생성되며, NMS(Non-Max Suppression)와 같은 후처리 과정을 거쳐 최종 결과로 확정된다. 모델의 성능은 이 예측 박스가 Ground-Truth 박스와 얼마나 정합하는지를 나타내는 IoU(Intersection over Union) 지표로 평가된다.

핵심 역할: 바운딩 박스는 문제 정의의 근간이며, 모델이 학습해야 할 정답(Ground-Truth)이자 최종적으로 생성해야 할 결과물(Prediction)이다.

2. 앵커 박스(Anchor Box): 회귀 문제 해결을 위한 사전 정의된 참조 틀

앵커 박스(또는 사전 박스, Prior Box)는 객체 탐지 문제를 단순화하기 위해 도입된 공학적 장치이다. 이미지의 모든 픽셀 위치에서 발생 가능한 객체의 위치를 직접 회귀하는 것은 탐색 공간이 방대하고 비효율적이다. 앵커 박스는 이 문제를 다음과 같이 변환한다.

1) 문제의 재구성(Problem Reframing)**:** 앵커 박스는 다양한 종횡비(Aspect Ratios)와 크기(Scales)를 갖는 사전 정의된 박스들의 집합이다. 모델은 절대적인 바운딩 박스 좌표 (x, y, w, h)를 직접 예측하는 대신, 각 앵커 박스를 기준으로 상대적인 변환값(Offset or Transformation) (Δx, Δy, Δw, Δh)을 예측하

도록 학습된다. 이는 회귀 문제를 훨씬 안정적이고 수렴이 용이한 형태로 만든다.

2) 다중 스케일 탐지(Multi-scale Detection)**:** 앵커 박스는 FPN(Feature Pyramid Network)과 같은 계층적 특징 맵 구조와 결합하여 자연스럽게 다중 스케일 객체 탐지를 가능하게 한다. 고해상도 특징 맵에는 작은 앵커 박스를 할당하여 작은 객체를, 저해상도 특징 맵에는 큰 앵커 박스를 할당하여 큰 객체를 탐지하는 방식이다.

3) 하이퍼파라미터(Hyperparameter)**:** 앵커 박스의 구성(개수, 크기, 종횡비)은 학습을 통해 결정되는 파라미터가 아니라, 모델 설계자가 사전에 결정하는 하이퍼파라미터이다. 이는 주로 학습 데이터셋의 Ground-Truth 박스 분포를 k-means 클러스터링 등으로 분석하여 최적의 값을 설정한다.

핵심 역할: 앵커 박스는 무한한 탐색 공간을 유한하고 이산적인 참조점들의 집합으로 변환하여, 회귀 문제를 보다 제약된(constrained) 공간에서의 미세 조정(fine-tuning) 문제로 치환하는 역할을 한다.

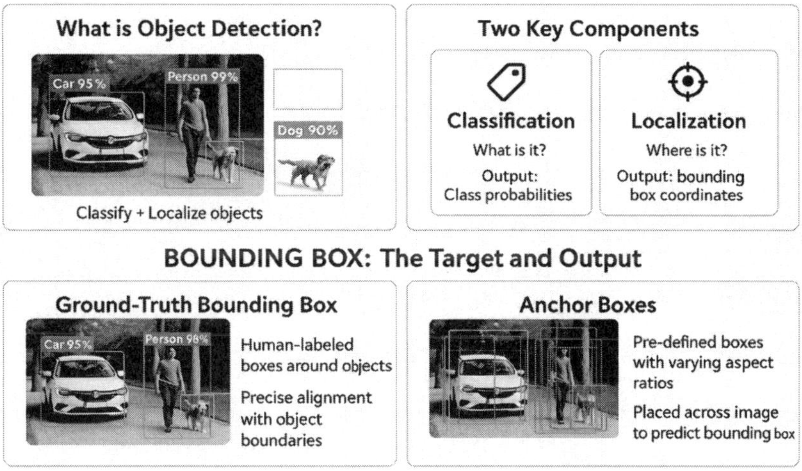

〈그림 6.3〉 바운딩 박스와 앵커 박스 모식도

6.2.4 회귀분석(Regression)

GPR 분석의 궁극적인 목표 중 하나는 객체의 존재 유무를 판별하는 것을 넘어, 그 물리적 속성을 정량적으로 측정하는 것이다. 이는 딥러닝에서 회귀(Regression) 문제로 정의되며, 주어진 데이터로부터 연속적인 수치 값을 예측하는 과업이다.

GPR 적용 예시:
"탐지된 파이프는 지표면으로부터 정확히 몇 미터 깊이에 매설되어 있는가?"
"도로 포장층의 두께는 몇 센티미터인가?"
"탐지된 지하 매설물의 직경은 얼마로 추정되는가?"
작동 방식: 모델은 GPR B-scan 이미지에 나타난 신호의 특정 형태와 실제 물리적 수치 사이의 복잡한 비선형 관계를 학습한다. 예를 들어, 쌍곡

선(Hyperbola) 신호의 기하학적 특성, 즉 패턴의 폭이나 곡률이 지하 객체의 깊이나 직경과 어떤 상관관계를 가지는지를 학습하는 것이다. 기술적으로 이는 CNN과 같은 아키텍처의 최종 분류 계층을 단일 또는 다중 뉴런으로 구성된 회귀 헤드(regression head)로 교체하고, 손실 함수로 평균 제곱 오차(Mean Squared Error, MSE)나 평균 절대 오차(Mean Absolute Error, MAE)를 사용하여 모델을 훈련시킴으로써 구현된다. 학습이 완료된 모델은 새로운 GPR 데이터를 입력받아 신호 형태를 분석하고, "이 파이프의 깊이는 1.25m이다" 또는 "아스팔트의 두께는 7.3cm이다"와 같은 구체적인 수치 값을 직접 예측해낸다.

이처럼 분류, 객체 탐지, 회귀는 딥러닝 모델이 GPR 데이터를 해석하여 유용한 정보로 변환하는 세 가지 핵심적인 분석 패러다임을 구성한다. 탐사의 목적에 따라 이러한 기술들을 적절히 활용함으로써, GPR 탐사 결과는 단순한 질적 이미지에서 실제 엔지니어링 의사결정에 직접 활용될 수 있는 구체적인 정량 데이터로 변환된다.

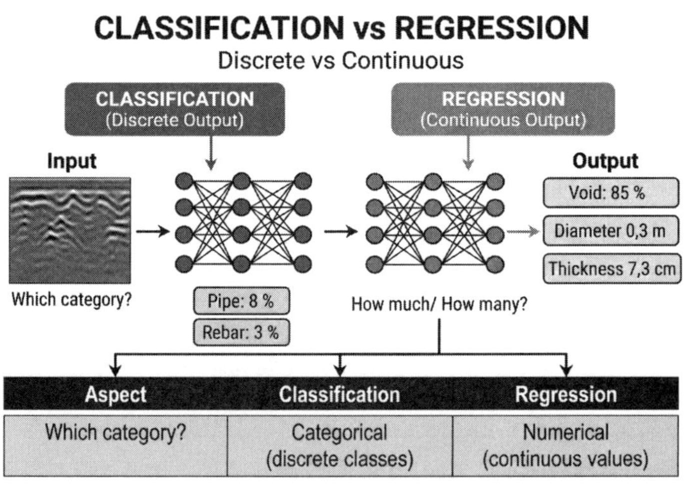

〈그림 6.4〉 딥러닝 회귀분석

6.3 앙상블 분석: 다중 모델을 통한 예측 신뢰도 향상

단일 딥러닝 모델의 예측은 학습 데이터의 노이즈나 가중치 초기화와 같은 학습 과정의 확률적 요소에 의해 불안정성을 내포할 수 있다. 앙상블(Ensemble) 분석은 이러한 한계를 극복하기 위해 여러 개의 독립적인 모델(base learners)을 개별적으로 학습시킨 후, 그 예측 결과들을 통계적으로 결합하여 최종 결정을 내리는 기법이다. 이 접근법은 단일 모델의 개별적인 오류나 편향을 상쇄시켜 전반적인 예측 성능, 안정성, 그리고 강건성(robustness)을 크게 향상시킨다. 대표적인 앙상블 기법은 다음과 같다.

배깅(Bagging, Bootstrap Aggregating): 원본 훈련 데이터셋에서 무작위 복원 추출(bootstrap sampling)을 통해 다수의 서로 다른 서브셋을 생성하고, 각 서브셋에 대해 독립적인 모델을 병렬적으로 훈련시키는 방식이다. 최종 예측은 각 모델의 예측값을 평균(회귀)하거나 다수결 투표(분류)하여 결정한다. 이 기법은 개별 모델의 예측값에 존재하는 분산(variance)을 효과적으로 감소시켜 모델의 안정성을 높이고 과적합을 방지하는 데 주된 목적이 있다.

부스팅(Boosting): 여러 개의 약한 학습기(weak learner)를 순차적으로 훈련시키는 방식이다. 각 단계의 모델은 이전 모델이 잘못 예측한 데이터 샘플에 더 높은 가중치를 부여받아 학습을 진행한다. 즉, 이전 모델의 오류를 보완하는 방향으로 다음 모델이 학습된다. 최종 예측은 모든 모델의 예측을 성능에 따라 가중 평균하여 결정하며, 주로 모델의 편향(bias)을 줄이는 데 효과적이다.

스태킹(Stacking, Stacked Generalization): 여러 개의 서로 다른 유형의 기본 모델(base model)을 훈련시킨 후, 이 모델들의 예측 자체를 새로운 입력 특성(input feature)으로 사용하여 최종적인 상위 모델, 즉 메타 모델(meta-model)을 훈련시키는 계층적 구조이다. 스태킹은 각기 다른 강점을 가진 모델들의 예측을 최적으로 조합하는 방법을 학습함으로써, 단일 모델이나 다른 앙상블 기법보다 더 높은 예측 정확도를 달성하는 것을 목표로 한다.

GPR 분석과 같이 높은 신뢰성이 요구되는 분야에서 앙상블 기법은 특히 중요한 가치를 가진다. 예를 들어, 객체 탐지(object detection) 문제에서 여러 개의 YOLO 모델을 각각 다른 초기값으로 학습시킨 후(배깅과 유사한 접근), 각 모델이 예측한 공동의 경계 상자(bounding box) 위치를 평균 내어 더 정확하고 안정적인 탐지 결과를 얻을 수 있다.

회귀(regression) 문제에서 앙상블의 효용성은 더욱 두드러진다. 여러 모델이 예측한 깊이 값의 평균을 최종 예측값으로 사용하는 동시에, 예측값들의 분산(variance)을 계산하여 예측의 불확실성(uncertainty)을 정량화할 수 있다. "깊이가 3.5m로 추정됩니다"라는 단일 점 추정(point estimate) 예측보다, "깊이가 3.5m로 추정되며, 95% 신뢰수준에서 3.2m에서 3.8m 사이에 위치합니다"와 같이 신뢰 구간(confidence interval)을 함께 제공하는 정보는 현장의 엔지니어링 의사결정자에게 훨씬 더 유용하고 책임 있는 근거를 제시한다.

이처럼 앙상블 기법은 딥러닝 모델을 단순한 예측 도구에서 신뢰할 수 있는 '엔지니어링급(engineering-grade)' 분석 시스템으로 격상시키는 핵심적인 역할을 수행한다. 이는 모델의 예측에 대한 신뢰도를 정량적으로 평가할 수 있게 함으로써, 결과의 해석과 활용에 있어 중요한 판단 근거를 제공하기 때문이다.

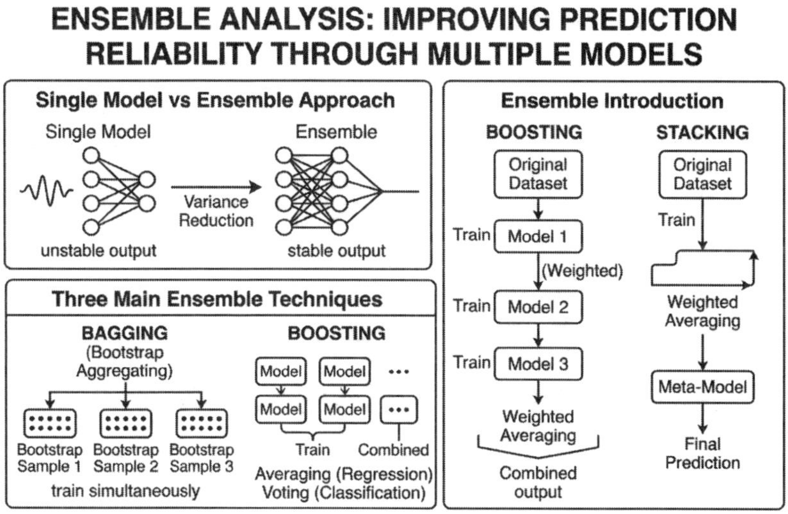
ENSEMBLE ANALYSIS: IMPROVING PREDICTION RELIABILITY THROUGH MULTIPLE MODELS
Single Model vs Ensemble Approach
Single Model
Ensemble
Variance Reduction
unstable output
stable output
Three Main Ensemble Techniques
BAGGING
(Bootstrap Aggregating)
Bootstrap Sample 1
Bootstrap Sample 2
Bootstrap Sample 3
train simultaneously
BOOSTING
Model
Model
Model
Model
Train
Combined
Averaging (Regression)
Voting (Classification)
Ensemble Introduction
BOOSTING
Original Dataset
Train
Model 1
(Weighted)
Train
Model 2
Train
Model 3
Weighted Averaging
Combined output
STACKING
Original Dataset
Train
Weighted Averaging
Meta-Model
Final Prediction

〈그림 6.5〉 앙상블 분석

6.4 학습 결과 해석 및 평가

모델 훈련의 완료는 일반화 성능에 대한 객관적이고 엄격한 평가의 시작을 의미한다. 모델의 실제 가치는 훈련 과정에서 사용된 데이터가 아닌, 한 번도 접하지 않은 독립적인 테스트 데이터셋(Test Dataset)에 대한 성능으로 판단해야 한다. 이를 위해 분류 모델의 성능을 다각적으로 분석하는 여러 정량적 지표와 시각화 도구를 사용한다.

6.4.1 성능 평가의 기초: 혼동 행렬(Confusion Matrix)

모델의 예측 결과를 가장 직관적으로 요약하고 분석할 수 있는 기본 도구는 혼동 행렬이다. 이 행렬은 모델의 예측 클래스와 실제 클래스를 비교하여, 예측이 얼마나 '혼동'되었는지를 표 형태로 명확하게 보여준다.

GPR 데이터를 통해 '공동(Positive)' 존재 유무를 판별하는 이진 분류 모델을 예로 들면, 혼동 행렬은 다음과 같은 네 가지 경우의 수를 집계한다.

TP(True Positive): 실제로 공동이 있고, GPR 탐사도 공동이 있다고 예측한 경우이다. (공동이 정확히 발견됨)

TN(True Negative): 실제로 공동이 없고, GPR 탐사도 공동이 없다고 예측한 경우이다. (공동 없음을 정확히 판단)

FP(False Positive): 실제로는 공동이 없지만, GPR 탐사가 공동이 있다고 예측한 경우이다. (오탐지, 불필요한 추가 조사 발생 가능)

FN(False Negative): 실제로 공동이 있지만, GPR 탐사가 공동이 없다고 예측한 경우이다. (공동을 놓침)

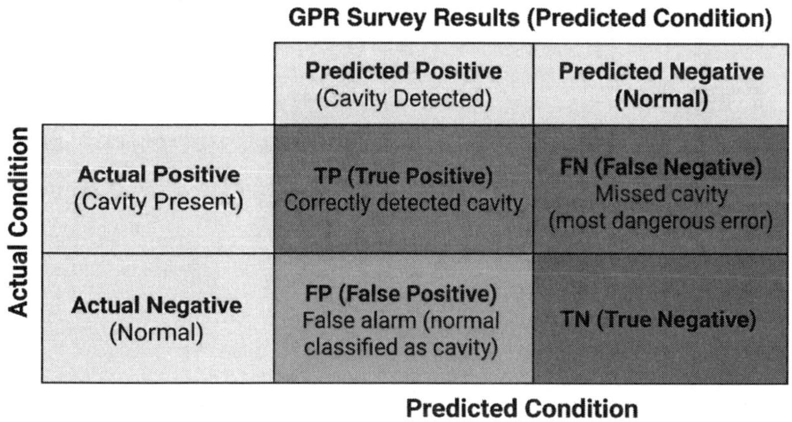

〈그림 6.6〉 GPR 탐사 혼동 행렬

6.4.2 핵심 평가 지표: 정확도, 정밀도, 재현율의 이해

혼동 행렬의 네 가지 기본 값을 조합하여 모델의 성능을 특정 관점에서 평가하는 다양한 지표를 계산할 수 있다.

정확도(Accuracy):

정의: 전체 데이터 중 모델이 올바르게 예측한 샘플의 비율. 수식은 (TP + TN) / (TP + TN + FP + FN)이다.

한계(정확도의 함정)**:** 이 지표는 매우 직관적이지만, 데이터의 클래스 분포가 불균형할(한쪽으로 심하게 치우쳐 있을) 때 모델의 성능을 잘못 판단하게 만들 수 있다.

예시: GPR 탐사에서 '공동'은 매우 드물고(예: 전체의 1%) 대부분 '정상' 지반

(예: 99%)이라고 가정한다. 만약 모델이 탐지 성능이 좋지 않아 모든 예측을 '정상' 으로만 판단하더라도, 이미 99%의 '정상' 지반을 올바르게 맞혔기 때문에 전체 정확도는 99%라는 매우 높은 수치를 기록하게 된다.

문제점: 이 99%라는 높은 수치는, 정작 우리가 반드시 찾아야 하는 '공동' 은 단 하나도 탐지하지 못했다는 치명적인 문제를 가리게 됩니다. 따라서 GPR 탐사처럼 소수의 중요한 이상 징후(공동)를 찾는 것이 목적일 때는, 정확도 지표 하나만으로 성능을 판단해서는 안 된다.

정밀도(Precision)

정의: 모델이 'Positive'로 예측한 모든 샘플 중에서 실제로 'Positive'였던 샘플의 비율. 수식은 TP / (TP + FP)이다.

해석: 정밀도가 높다면 (High Precision): GPR이 '공동'이라고 지목한 곳(TP+FP)은 실제로도 공동(TP)일 확률이 매우 높다는 뜻입니다. 즉, 오탐(FP)이 적어 GPR의 예측을 신뢰할 수 있으며, 불필요한 굴착이나 추가 조사를 피할 수 있다.

정밀도가 낮다면 (Low Precision): GPR이 '공동'이라고 자주 경보를 울려도, 실제로는 멀쩡한 정상 지반(FP)인 경우가 많다는 의미입니다. 이는 잦은 '거짓 경보'로 인해 불필요한 비용과 시간을 낭비하게 만든다.

재현율(Recall / Sensitivity)

정의: 실제 'Positive'인 모든 샘플 중에서 모델이 'Positive'로 올바르게 예측한 샘플의 비율. 민감도(Sensitivity) 또는 참 긍정률(True Positive Rate, TPR)이라고도 불린다. 수식은 TP / (TP + FN)이다.

해석: 이 지표는 "실제 위험(공동)을 얼마나 빠짐없이 찾아냈는가?"에 대한

답을 준다.

재현율이 높은 것(High Recall)은 GPR이 실제 존재하는 공동들을 거의 놓치지 않고(FN이 적음) 대부분 탐지해냈다는 것을 의미하며, 재현율이 낮다는 것(Low Recall)은 GPR이 탐지를 못 하고 놓쳐버린 공동(FN)이 많다는 뜻이다.

재현율은 '탐지 실패(FN, False Negative)'를 얼마나 피했는지를 나타낸다. 도로 함몰이나 지반 붕괴로 이어질 수 있는 GPR 안전 진단에서는, 단 하나의 공동이라도 놓치는 것(FN)이 큰 사고로 이어질 수 있으므로, 다른 어떤 지표보다 재현율을 확보하는 것이 가장 중요하다.

정밀도-재현율 상충 관계(Precision-Recall Trade-off)

GPR 모델이 "이 정도면 공동이다"라고 판단하는 기준(Threshold, 임곗값)을 어떻게 설정하느냐에 따라 두 지표가 변한다. 정밀도와 재현율은 일반적으로 상충 관계(trade-off)에 있다. 이는 모델의 예측 확률에 대한 분류 기준점, 즉 임곗값(threshold)을 조정함에 따라 발생한다. 임곗값을 높여 매우 확실한 경우에만 'Positive'로 예측하면, 잘못된 경보(FP)가 줄어 정밀도는 높아지지만, 일부 애매한 실제 'Positive'를 놓치게 되어(FN 증가) 재현율은 낮아진다. 반대로 임곗값을 낮추면 더 많은 'Positive'를 탐지하여 재현율은 높아지지만, 'Negative'를 'Positive'로 잘못 판단하는 경우가 늘어나 정밀도는 떨어진다.

F1 스코어 (F1 Score)

상충 관계에 있는 정밀도와 재현율의 균형을 고려하기 위해 사용하는 지표로, 두 값의 조화 평균(harmonic mean)이다. 수식은 2 (Precision ×Recall) / (Precision + Recall)이다. 조화 평균은 두 값 중 낮은 값에 더 큰 가중치를 두기 때문에,

정밀도와 재현율이 모두 균형 있게 높을 때 F1 스코어도 높게 나타난다. 이는 특히 클래스가 불균형한 데이터셋에서 모델의 종합적인 성능을 평가하는 데 유용하다. 즉 F1 스코어가 높다는 것은, GPR 탐지 모델이 "공동을 놓치지도 않으면서**(높은 재현율)**, 불필요한 거짓 경보도 적은**(높은 정밀도)**" 상태, 즉 두 성능이 모두 균형 있게 우수하다는 것을 의미한다. 클래스 불균형**(정상 지반 99%, 공동 1%)**이 심한 GPR 탐사 데이터에서 모델의 실질적인 종합 성능을 평가하는 데 매우 유용하다.

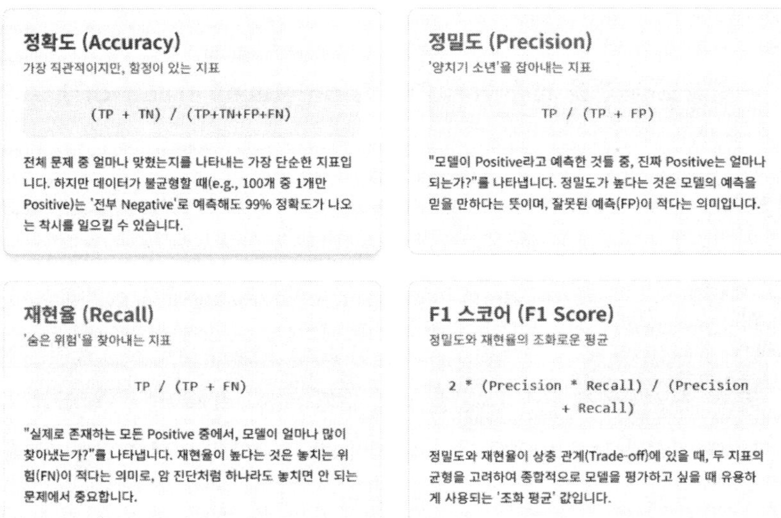

〈그림 6.7〉 GPR 모델 평가 지표

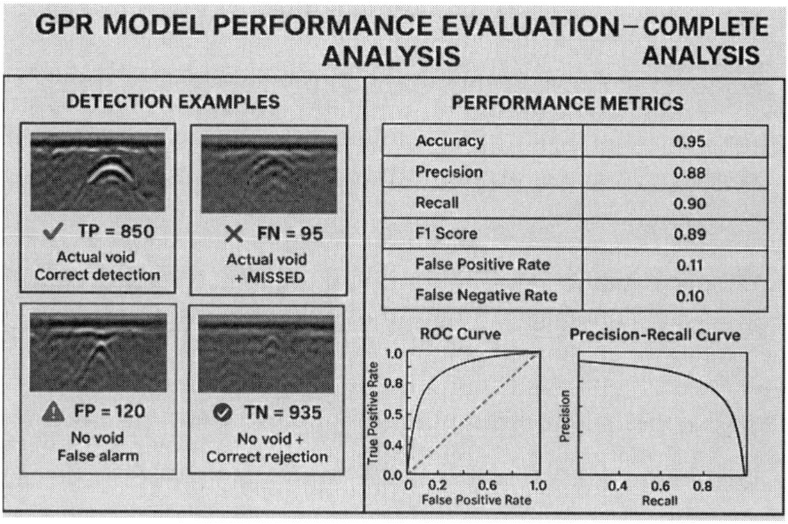

〈그림 6.8〉 GPR 모델 성능 평가 예시

6.4.3 종합 성능 평가: ROC 곡선과 AUC

ROC 곡선(Receiver Operating Characteristic Curve)

분류 모델의 임곗값을 0에서 1까지 연속적으로 변경하면서 각 임곗값에 대한 참 긍정률(TPR, 재현율)과 거짓 긍정률(FPR)의 변화를 시각화한 그래프이다.

거짓 긍정률(False Positive Rate, FPR): 실제 'Negative'인 모든 샘플 중에서 모델이 'Positive'로 잘못 예측한 샘플의 비율. 수식은 FP / (FP+TN)이다.
해석: ROC 곡선은 가로축이 FPR, 세로축이 TPR로 구성된다. 이상적인 모델은 FPR이 0에 가까우면서 TPR이 1에 가까운, 즉 그래프의 왼쪽 상단 모서리에 최대한 근접하는 형태를 보인다. 대각선은 모델의 성능이 무작위 추측과 동일함을 의미한다.

AUC(Area Under the Curve)

ROC 곡선 아래의 면적을 계산한 값으로, 0과 1 사이의 값을 가진다.

해석: AUC는 모델이 무작위로 선택된 'Positive' 샘플에 대해 'Negative' 샘플보다 더 높은 확률 점수를 부여할 확률을 나타낸다. 즉, 모델이 두 클래스를 얼마나 잘 구별하는지에 대한 종합적인 성능 지표이다. AUC 값이 1에 가까울수록 완벽한 분류기이며, 0.5에 가까울수록 무작위 추측과 다름없음을 의미한다.
장점: AUC는 특정 임곗값에 의존하지 않고 모델의 전반적인 판별 능력을 평가하므로, 서로 다른 모델의 성능을 객관적으로 비교하는 데 매우 유용한 지표이다.

결론적으로, 모델 평가는 단일 지표에 의존해서는 안 된다. 해결하고자 하는 문제의 특성(예: GPR 공동 탐지)과 각 오류 유형(FP, FN)의 상대적 비용을 명확히 정의하고, 그에 맞는 핵심 평가 지표(예: 재현율)를 중심으로 혼동 행렬, F1 스코어, AUC 등 다양한 지표를 종합적으로 분석하여 모델의 진정한 가치를 다각적으로 평가해야 한다.

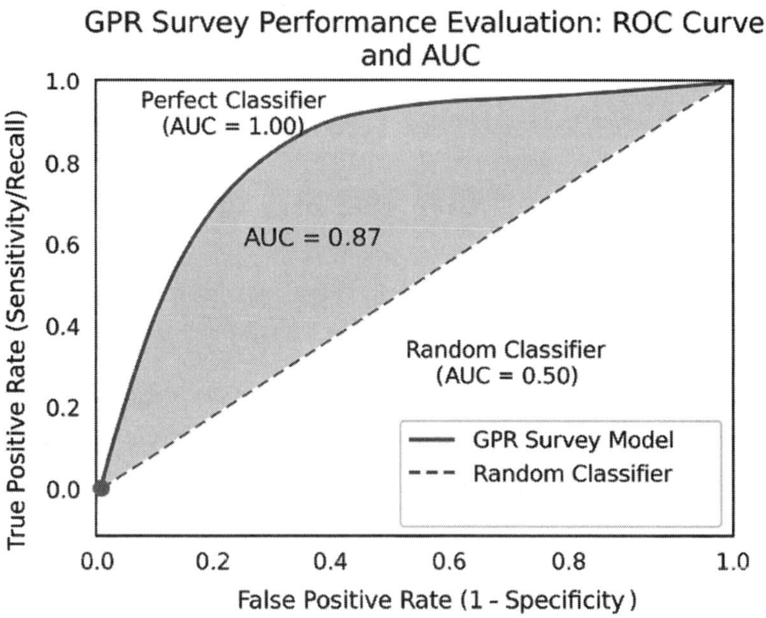

〈그림 6.9〉 GPR 탐사 ROC 곡선과 AUC

제7장. 고급 딥러닝 응용

7.1 이상 탐지 모델 설계

GPR 탐사의 중요한 목표 중 하나는 광활한 정상 지반 내에서 예기치 않게 나타나는 '이상(Anomaly)' 신호를 식별하는 것이다. 여기서 이상 신호란 도로 하부의 공동(cavity), 지중에 매설된 불발탄(UXO), 또는 지반의 국부적 약화와 같이 잠재적 위험을 내포하는 모든 비정상적인 지구물리학적 패턴을 의미한다. 그러나 이러한 이상 신호는 전체 데이터셋에서 차지하는 비율이 극히 미미하여 데이터의 극심한 불균형(class imbalance) 문제를 야기한다. 이로 인해 일반적인 지도 학습 기반의 분류 모델을 적용할 경우, 모델이 소수의 이상 데이터보다 다수의 정상 데이터에 과적합되어 모든 입력을 정상으로 판단하려는 경향을 보이므로 효과적인 탐지가 어렵다.

이러한 데이터 불균형 문제를 해결하기 위해, 이상 탐지(anomaly detection)는 패러다임을 전환한다. 즉, 소수의 '비정상 데이터가 무엇인지'를 학습하는 대신, 풍부한 '정상 데이터가 무엇인지'를 정밀하게 모델링하는 비지도 학습(unsupervised learning) 전략을 사용한다. 이 접근법의 핵심 가설은, 모델이 정상 데이터의 모든 통계적, 구조적 특성을 완벽하게 학습하여 내재적 표현을 구축한다면, 이 모델은 정상 데이터의 생성 원리를 이해하는 전문가가 된다는 것이다. 이러한 모델에 정상 범주에서 벗어나는 데이터가 입력될 경우, 모델은 이를 제대로 재구성하지 못하며, 이 실패 자체가 이상 신호를 탐지하는 강력한 단서가 된다.

7.1.1 정상을 복원하는 전문가, 오토인코더(Autoencoder)

이상 탐지 문제에 가장 널리 사용되는 모델 중 하나가 오토인코더이다. 오토인코더는 입력 데이터를 효율적으로 압축했다가 다시 원본으로 복원하도록 훈련된 비지도 인공신경망으로, 다음과 같은 두 가지 주요 부분으로 구성된다.

인코더(Encoder) **– 압축기:** 입력된 데이터(예: 정상 GPR 데이터)로부터 핵심적인 특징을 추출하여 저차원의 간결한 정보로 압축한다. 이 압축된 정보를 잠재 벡터(Latent Vector) 또는 잠재 표현(Latent Representation)이라 한다.

디코더(Decoder) **– 복원기:** 인코더가 생성한 잠재 벡터를 입력받아, 이를 바탕으로 원본 데이터를 최대한 유사하게 재구성한다.

오토인코더의 학습 목표는 입력과 출력 간의 차이, 즉 복원 오차(reconstruction error)를 최소화하는 것이다. 정상 데이터만으로 이 과정을 반복하여 학습함으로써, 오토인코더는 '정상 데이터'가 가진 본질적인 패턴과 구조를 표현하는 방법을 학습하게 된다.

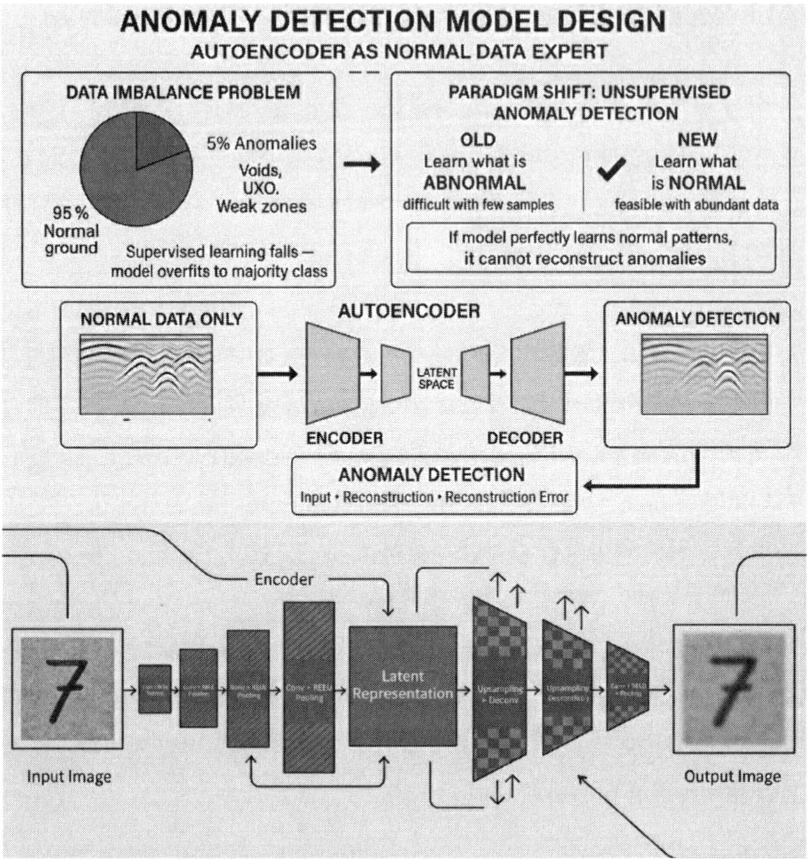

〈그림 7.1〉 이상탐지 모델설계: 오토인코더(Autoencoder)

7.1.2 이상 탐지의 원리: 복원 오차(Reconstruction Error)

오토인코더 기반 이상 탐지의 효용성은 훈련이 완료된 후, 학습된 모델을 통해 새로운 데이터를 평가하는 과정에서 명확히 드러난다. 정상 데이터의 통계적 분포와 내재적 패턴을 학습하여 재구성에 최적화된 모델은, 입력 데이터의 성격에 따라 상이한 복원 성능을 보인다.

정상 데이터 입력 시: 모델은 훈련 과정에서 학습한 '정상성'의 규칙에 부합하는 데이터를 입력받는다. 이 경우, 인코더는 데이터를 효율적으로 저차원 잠재 공간에 투영할 수 있으며, 디코더는 이 잠재 표현으로부터 원본 데이터를 높은 충실도로 복원할 수 있다. 결과적으로 원본과 복원된 데이터 간의 차이, 즉 복원 오차(reconstruction error)는 매우 낮은 값을 가진다.

이상 데이터 입력 시: 모델은 학습 과정에서 한 번도 접하지 못한, 즉 학습된 '정상' 데이터의 분포에서 벗어나는 데이터를 마주하게 된다. 정상 데이터의 특징만을 학습한 모델은 이 생소한 이상 데이터의 패턴을 잠재 공간에 효과적으로 압축하거나, 압축된 표현으로부터 원본을 제대로 재구성하지 못한다. 이로 인해 원본과 복원된 데이터 간의 불일치가 커지며, 복원 오차는 정상 데이터의 경우보다 현저히 높은 값을 나타낸다.

이처럼 정량적으로 측정된 복원 오차는 이상 점수(anomaly score)로 활용되며, 이상 현상을 식별하는 결정적인 지표가 된다.

7.1.3 모델 설계 및 학습 과정

데이터 준비: '정상' 데이터 기반의 훈련

비지도 이상 탐지 모델 설계의 가장 근본적인 원칙은 훈련 데이터셋을 오직 '정상(normal)' GPR 데이터만으로 구성하는 것이다. 이 방법론은 모델이 비정상 데이터의 패턴을 학습하는 것을 원천적으로 차단하고, 대신 정상 데이터의 고유한 통계적 분포와 내재적 특징을 정밀하게 학습하도록 강제한다. 이를 통해 모델은 '정상성(normality)'에 대한 강건한 기준을 확립하게 된다.

모델 구조: 합성곱 오토인코더(Convolutional Autoencoder)

GPR B-scan 데이터는 2차원 이미지와 같은 공간적 구조를 가지므로, 공간적 계층 구조와 지역적 특징을 효과적으로 추출하는 합성곱 신경망(CNN) 기반의 아키텍처가 매우 적합하다. 이상 탐지 문제에서는 이러한 CNN의 구조를 활용한 합성곱 오토인코더(Convolutional Autoencoder, CAE)가 표준적인 모델로 사용된다.

인코더(Encoder)**:** 다수의 합성곱 계층(Convolutional Layers)과 풀링 계층(Pooling Layers)으로 구성되며, 입력된 GPR 이미지로부터 계층적인 특징을 추출하여 저차원의 압축된 잠재 표현(latent representation)을 생성한다.

디코더(Decoder)**:** 인코더와 대칭적인 구조로, 주로 전치 합성곱 계층(Transposed Convolutional Layers)을 사용하여 압축된 잠재 표현으로부터 원본 이미지를 재구성(reconstruct)한다.

훈련(Training)

모델의 훈련은 준비된 정상 GPR 데이터를 입력하여, 모델이 출력한 복원 데이터와 원본 데이터 간의 차이를 최소화하는 방향으로 진행된다. 이 차이, 즉 복원 오차는 일반적으로 평균 제곱 오차(Mean Squared Error, MSE)와 같은 손실 함수(loss function)를 통해 정량화된다. 이 최적화 과정을 통해 모델은 정상 데이터의 패턴을 효율적으로 인코딩하고 디코딩하는 방법을 학습하게 된다.

7.1.4 실전에서의 판단: 문턱값(Threshold) 설정

학습이 완료된 오토인코더 모델을 실제 이상 탐지에 활용하는 추론(inference) 단계는 다음과 같은 체계적인 절차를 따른다.

데이터 입력 및 재구성: 새로운 GPR 데이터를 훈련된 모델에 입력한다. 모델은 이 데이터를 잠재 공간으로 압축한 후, 다시 원본 차원으로 복원하여 재구성된 데이터를 출력한다.

복원 오차 계산: 원본 입력 데이터와 모델이 출력한 복원 데이터 간의 픽셀 단위 차이를 계산한다. 이 오차는 평균 제곱 오차(MSE)와 같은 지표를 통해 단일의 정량적 수치, 즉 이상 점수(anomaly score)로 산출된다.

임곗값 비교 및 판정: 계산된 복원 오차를 사전에 정의된 임곗값(Threshold)과 비교하여 최종 판정을 내린다.

복원 오차 ≤ 임곗값: 해당 데이터는 모델이 학습한 정상 데이터의 분포에서 크게 벗어나지 않으므로 '정상(Normal)'으로 분류된다.

복원 오차 〉 임곗값: 해당 데이터는 모델이 정상 패턴의 규칙으로 재구성하기 어려울 만큼 생소하므로 '이상(Anomaly)'으로 분류된다.

여기서 임곗값 설정은 임의적인 과정이 아니라, 통계적 근거에 기반한 전략적 결정이다. 일반적으로 훈련에 사용되지 않은 별도의 '정상' 검증 데이터셋(validation set)을 사용하여 모델의 복원 오차 분포를 먼저 파악한다. 그 후, 이 분포의 특정 백분위수(예: 95% 또는 99%)를 임곗값으로 설정하거나, '평균 + 3 × 표준편차'(μ+3σ)와 같은 통계적 규칙을 적용하여 정상 데이터가 가질 수 있는 오차의 상한선을 정의한다.

임곗값의 선택은 탐지 민감도(sensitivity)와 특이도(specificity) 사이의 상충 관계(trade-off)를 직접적으로 제어한다. 임곗값을 낮게 설정하면 미세한 이상 신호까지 탐지할 수 있는 민감도는 높아지지만, 정상 데이터를 이상으로 오판하는 거짓 경보(false positive)의 비율도 함께 증가한다. 반대로 임곗값을 높게 설정하면 거짓 경보는 줄어들지만, 탐지하기 어려운 약한 이상 신호를 놓칠 위험(false negative)이 커진다. 따라서 최적의 임곗값은 해당 GPR 탐사의 목적과 각 오류 유형의 상대적 비용을 고려하여 신중하게 결정되어야 한다.

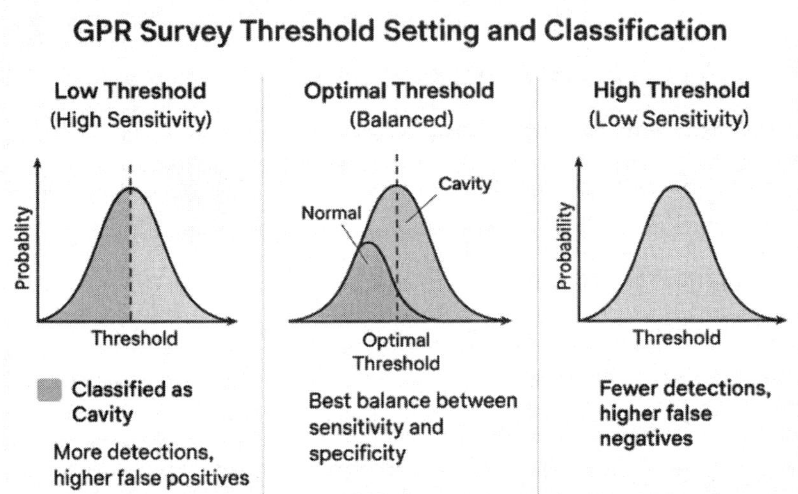

〈그림 7.2〉 GPR 탐사 문턱값(Threshold) 설정

7.2 깊이 분석

GPR 데이터 해석의 궁극적인 목표 중 하나는 지하 이상체의 존재 유무를 넘어, 그 물리적 속성을 정량적으로 측정하는 것이다. 이를 위해 2차원 B-scan 레이더그램에 기록된 시간 영역의 데이터를 실제 공간 좌표계의 정보로 변환하는 과정이 필수적이다.

7.2.1 시간-깊이 변환을 위한 회귀 과업 정의

GPR B-scan의 수직축은 물리적인 '깊이'가 아니라, 전자기파가 송신 후 반사되어 수신되기까지의 '양방향 전파 시간(Two-Way Travel Time)'을 나타낸다. 이 시간을 실제 깊이로 환산하기 위해서는 매질 내 전자기파의 전파 속도(v)에 대한 정확한 정보가 필요하다 (Depth=v×Time/2). 그러나 이 속도는 토양의 종류, 함수율, 밀도 등 국부적인 매질의 전자기적 특성에 따라 공간적으로 계속 변하기 때문에, 단일 값으로 가정하기 어렵고 정확한 추정이 복잡하다.

딥러닝은 이 문제를 회귀(Regression) 과업으로 정의하여 해결한다. 즉, GPR 신호의 특정 형태학적 특징과 실제 깊이 사이의 복잡한 비선형 상관관계를 데이터로부터 직접 학습하는 모델을 구축하는 것이다.

학습 데이터 구성: 지하 매설물의 실제 깊이(Ground Truth)를 정확히 알고 있는 다수의 GPR B-scan 데이터, 특히 쌍곡선(hyperbola) 형태의 반사 신호를 학습 데이터로 준비한다.

모델의 역할: CNN 기반의 회귀 모델은 쌍곡선 신호의 기하학적 특징, 즉 곡률, 폭, 정점의 진폭 및 신호 감쇠율 등의 미세한 특징들을 입력으로 받는다. 모델은 이러한 특징들이 실제 깊이 값과 어떤 물리적 관계를 가지는지를 학습한다. 예를 들어, 특정 매질에서 "쌍곡선의 폭이 넓고 신호 감

쇠가 크면, 깊이가 얕을 가능성이 높다"와 같은 복합적인 규칙을 데이터로부터 스스로 학습하여, 국부적인 전파 속도를 암묵적으로 모델링한다.
결과: 훈련이 완료된 모델은 새로운 쌍곡선 신호를 입력받아 그 형태를 분석하고, "이 이상체의 깊이는 약 1.5m이다"와 같이 구체적인 깊이 값을 직접 예측한다. 이는 기존의 수동적이고 복잡한 속도 분석 과정을 자동화하여, 신속하고 일관된 깊이 정보를 제공함으로써 GPR 탐사 결과를 정성적 이미지에서 정량적 엔지니어링 데이터로 변환시키는 데 핵심적인 역할을 한다.

7.3 실시간 처리 및 엣지 AI 적용

딥러닝 모델의 분석 성능이 아무리 뛰어나더라도, 결과를 얻기까지 상당한 시간이 소요된다면 현장에서의 실용성은 급격히 저하된다. GPR 탐사의 궁극적인 목표 중 하나는 데이터 획득과 동시에 현장에서 즉각적으로 의미 있는 분석 결과를 확인하는 실시간 처리(Real-time Processing)이다. 이러한 요구는 딥러닝 기술을 중앙 서버 중심의 환경에서 현장 장비로 이전시키는 새로운 패러다임, 즉 엣지 AI(Edge AI)의 발전을 촉진하고 있다.

7.3.1 현장 분석의 필요성

전통적인 GPR 데이터 분석 워크플로우는 일반적으로 다음과 같은 순차적 단계로 진행된다.

데이터 수집: 현장에서 GPR 장비를 이용해 원시 데이터(Raw Data)를 수집한다.

데이터 전송: 수집된 대용량 데이터를 사무실의 고성능 워크스테이션이나 서버로 전송한다.

후처리 및 분석: 전문가가 전문 소프트웨어나 딥러닝 모델을 사용하여 데이터를 처리하고, 지하 구조를 해석한다.

이 방식은 정밀하고 심도 있는 분석을 가능하게 하지만, 데이터 수집과 최종 결과 도출 사이에 상당한 시간적 지연(latency)이 발생하여 현장에서의 즉각적인 의사결정이 불가능하다는 명백한 한계를 가진다. 예를 들어, 도로 탐사 중 공동(Cavity)으로 의심되는 이상 신호를 발견하더라도, 그 자리에서 즉시 추가 정밀 탐사를 수행하거나 긴급 안전 조치를 취하기 어렵다. 실시간 처리가 가능하다면, 탐사자는 장비의 디스플레이에 시각화된 분석 결과를 바탕으로 현장에서 직접 대응할 수 있어 탐사 효율성과 안전성을 획기적으로 향상시킬 수 있다.

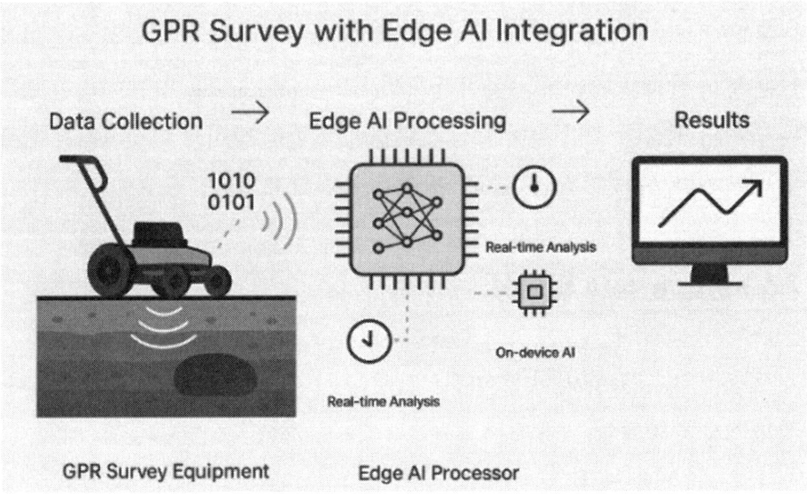

〈그림 7.3〉 GPR탐사와 엣지 AI 통합시스템

7.3.2 엣지 AI: 장비 내장형 인공지능

딥러닝 모델의 추론(inference) 과정은 상당한 계산 자원을 필요로 한다. 이를 해결하기 위한 접근 방식은 크게 두 가지로 나뉜다.

클라우드 AI(Cloud AI): 현장에서 수집된 데이터를 인터넷을 통해 원격의 강력한 클라우드 서버로 전송하고, 서버에서 분석된 결과를 다시 현장 장비로 전송받는 방식이다. 이 방식은 막대한 연산 능력을 활용할 수 있다는 장점이 있지만, 안정적인 네트워크 연결이 필수적이며 데이터 전송에 따른 지연 시간(latency)이 발생한다. 또한, 민감한 데이터를 외부 서버로 전송하는 과정에서 데이터 보안 및 프라이버시 문제가 발생할 수 있다.

엣지 AI(Edge AI): '엣지(Edge)'는 네트워크의 말단, 즉 데이터가 생성되는 장비 자체를 의미한다. 엣지 AI는 외부 서버의 개입 없이, GPR 제어 장치(태블릿, 임베디드 컴퓨터 등)와 같은 엣지 디바이스 내에서 직접 딥러닝 모델을 구동하여 분석을 수행하는 방식이다.

GPR 탐사 현장은 인터넷 연결이 원활하지 않거나 불가능한 경우가 많으므로, 독립적으로 신속한 분석이 가능한 엣지 AI가 실시간 처리를 위한 가장 이상적인 해법으로 간주된다. 엣지 AI는 초저지연(ultra-low latency) 분석, 네트워크 독립성, 강화된 데이터 보안 등의 장점을 제공하여 GPR 탐사의 패러다임을 '수집 후 분석'에서 '수집과 동시 분석'으로 전환시키는 핵심 기술이다.

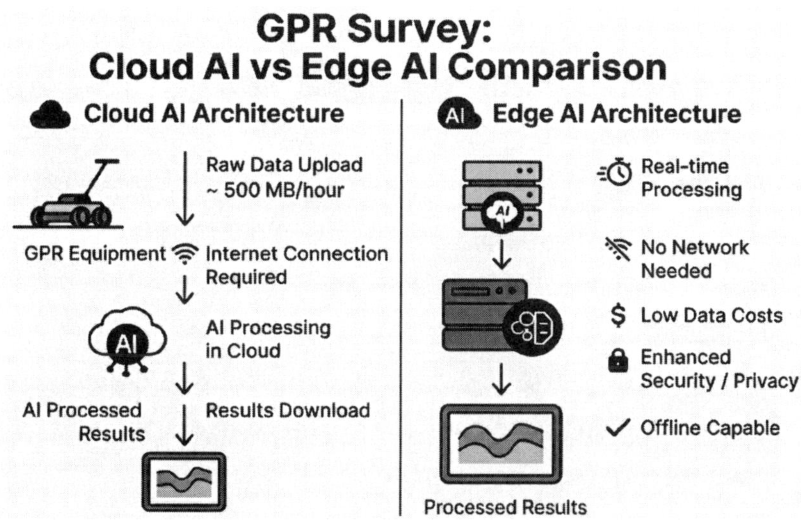

〈그림 7.4〉 GPR 클라우드 AI와 엣지 AI 비교

7.3.3 지능형 GPR 시스템을 위한 모델 경량화 기술

고성능 딥러닝 모델을 제한된 연산 능력과 메모리를 가진 엣지 장비에 탑재하는 것은 지능형 GPR(지표투과레이더) 시스템 구현의 핵심 도전 과제이다. 이를 해결하기 위해, 모델의 예측 성능 저하를 최소화하면서 크기를 줄이고 추론 속도를 향상시키는 모델 경량화(Model Lightweighting) 및 최적화(Optimization) 기술이 필수적으로 요구된다.

주요 모델 경량화 기술은 다음과 같다.

경량 네트워크 아키텍처(Lightweight Network Architecture): 설계 단계부터 연산 효율성을 극대화한 경량 모델(예: MobileNet, SqueezeNet)을 기반으로 GPR 분석 모델을 개발한다.

양자화(Quantization): 모델이 사용하는 파라미터의 수치 정밀도를 낮추어(예: 32비트 부동소수점에서 8비트 정수로 변환) 연산량을 줄이는 기법이다. 이는 모델의 크기를 약 4분의 1로 감소시키며, 다수의 엣지 프로세서에서 더 빠른 연산을 가능하게 한다.

가지치기(Pruning): 학습된 신경망에서 최종 결과에 미치는 영향이 미미한 불필요한 연결(뉴런 또는 가중치)을 제거하는 기술이다. 이를 통해 신경망의 복잡도를 낮춰 더 가볍고 빠른 모델을 구현한다.

지식 증류(Knowledge Distillation): 규모가 크고 성능이 우수한 '교사 모델'의 지식을 작고 가벼운 '학생 모델'에 압축하여 전달하는 훈련 기법이다. 학생 모델은 교사 모델의 복잡한 판단 로직을 모방함으로써, 작은 크기에도 불구하고 높은 성능을 유지할 수 있다.

이러한 경량화 기술들의 적용을 통해 GPR 장비는 단순한 데이터 수집 도구를 넘어, 현장에서 스스로 분석하고 판단하는 '지능형 탐사 장비'로 진화한다. 탐사자가 GPR 장비를 이동함에 따라, 화면에는 원시 레이더그램과 함께 "경고: 깊이 1.2m 지점, 공동 의심 구간 탐지"와 같은 실시간 분석 결과가 표시되는 미래가 엣지 AI 기술을 통해 현실화되고 있다.

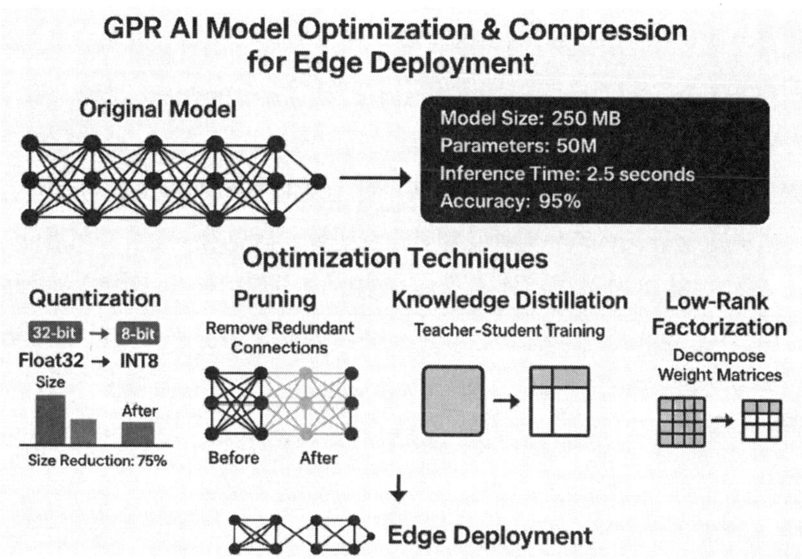

〈그림 7.5〉 GPR 모델 경량화 및 최적화

7.4 해석 가능한 AI(XAI)

딥러닝모델은 GPR 데이터 내 이상 신호를 높은 정확도로 탐지하지만, 그 자체로는 “어떤 근거로 그러한 판단을 내렸는가?”라는 핵심적인 질문에 답하지 못한다. 대부분의 딥러닝 모델은 내부 작동 메커니즘의 복잡성으로 인해 인간이 직관적으로 이해하기 어려운 ‘블랙박스(Black Box)’ 모델로 간주된다. 모델이 특정 위치에 “지하 공동 존재”라는 결론을 도출했을 때, 이것이 공동의 물리적 특성에 부합하는 명확한 신호 패턴에 기반한 것인지, 혹은 우연히 발생한 노이즈나 비관련 패턴을 오인한 결과인지 구분하기 어렵다.

특히 인명 및 사회 안전과 직결되는 GPR 분석 분야에서, 근거가 불분명한 AI의 결론을 맹목적으로 신뢰하는 것은 잠재적 위험을 내포한다. 이러한 블랙박스 문제를 해결하고, 인공지능의 판단 과정을 인간 사용자가 이해하고 신뢰할 수 있도록 투명하게 설명하려는 기술 분야가 바로 해석 가능한 AI(eXplainable AI, XAI)이다.

7.4.1 XAI의 필요성

XAI는 인공지능이 단순히 예측 결과('What')를 제시하는 것을 넘어, 해당 결과를 도출한 이유('Why')를 논리적으로 설명하는 것을 목표로 하는 일련의 기술 및 방법론이다. 이는 마치 수학 문제 풀이에서 정답과 함께 그 도출 과정을 명시하는 것과 같다. 풀이 과정의 논리적 타당성이 검증될 때, 비로소 그 결과의 신뢰성이 확보된다.

GPR 분석에서 XAI는 다음과 같은 핵심적인 역할을 수행한다.

신뢰성 검증(Trust & Verification): 모델이 ‘공동’으로 판단한 근거가 GPR B-scan 이미지상의 명확한 쌍곡선 신호(hyperbolic signature)임을 시각적으로 확인함으로써, 분석 결과에 대한 신뢰도를 정량적으로 확보할 수 있다. 이는 모델이 데이터 내의 인과적 특징을 학습했는지, 혹은 단순한 통계적 상관관계에 의존하는지를 판별하는 기준이 된다.

모델 디버깅 및 개선(Model Debugging & Refinement): 모델이 오탐(false positive)을 발생시켰을 경우, XAI는 모델이 어떤 입력 특징(예: 클러터 노이즈, 다중 반사파)을 이상 신호로 오인했는지 시각적으로 분석할 수 있게 한다. 이를 통해 개발자는 모델의 취약점을 파악하고, 데이터 증강이나 아키텍처 수정을 통해 모델 성능을 체계적으로 개선할 수 있다.

새로운 과학적 통찰 발견(Scientific Discovery): 인간 전문가가 인지하지 못했던 미세한 신호 패턴이나 복합적인 특징을 모델이 중요한 판단 근거로 활용하는 경우가 있다. XAI는 이러한 새로운 패턴을 가시화하여 GPR 데이터 해석에 대한 새로운 지구물리학적 통찰이나 과학적 발견으로 이어질 잠재력을 제공한다.

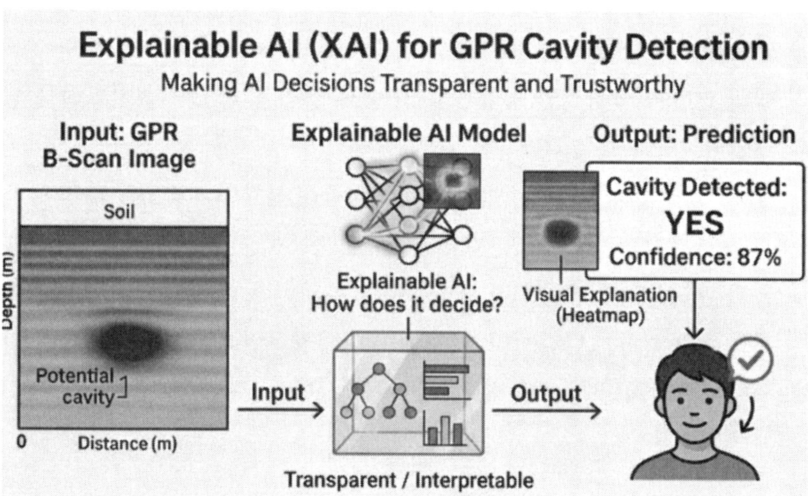

〈그림 7.6〉 GPR탐사 XAI 기술

7.4.2 모델의 판단 근거 시각화: 주요 XAI 기법

XAI는 모델의 내부 의사결정 과정을 시각화하기 위해 다양한 기법을 활용한다. GPR 데이터와 같은 이미지 기반 분석에 효과적으로 적용될 수 있는 대표적인 기법은 다음과 같다.

특성 중요도 맵(Saliency Map): "모델은 입력 데이터의 어느 영역에 주목하는가?"

모델의 특정 예측에 가장 결정적인 영향을 미친 입력 데이터의 공간적 영역을 히트맵(Heatmap) 형태로 시각화하는 기법이다.

작동 방식: Grad-CAM(Gradient-weighted Class Activation Mapping)과 같은 기법은 특정 클래스(예: '공동')의 예측 점수에 대한 마지막 합성곱 계층(convolutional layer)의 특성 맵(feature map)의 그래디언트(gradient)를 분석한다. 이 그래디언트 값을 가중치로 사용하여 특성 맵을 선형 결합함으로써, 모델의 판단에 긍정적인 영향을 미친 중요 영역을 강조하는 히트맵을 생성한다.

해석: GPR 분석에서 히트맵이 정확히 쌍곡선 신호의 정점(apex)과 양 날개(arms) 부분에 높게 활성화된다면, 이는 모델이 이론적으로 타당한 근거를 통해 판단하고 있음을 의미한다. 반면, 무관한 노이즈 영역이나 배경에서 높은 활성화가 나타난다면, 모델이 비정상적인 패턴을 학습했음을 시사하며 즉각적인 검토가 필요하다.

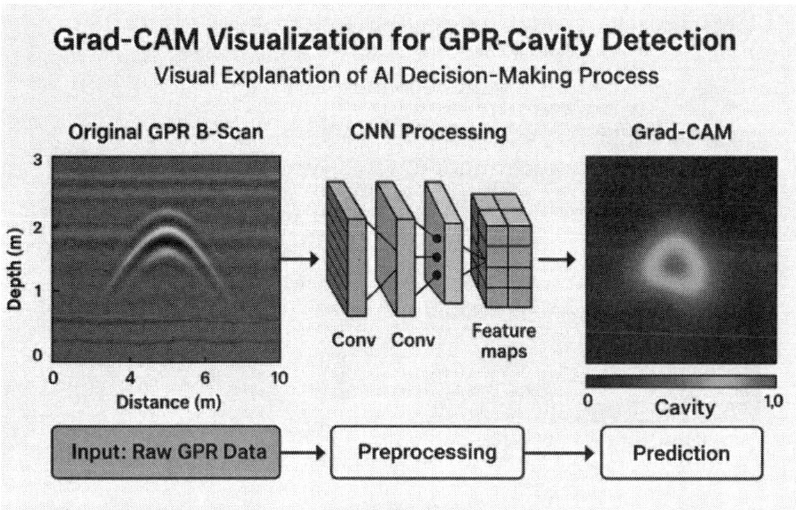

〈그림 7.7〉 Grad-CAM을 이용한 이미지 시각화

LIME(Local Interpretable Model-agnostic Explanations): "특정 예측에 대한 국소적 설명"

복잡한 전체 모델의 동작을 설명하는 대신, 단일 예측 사례에 한정하여 그 주변부의 결정 경계(decision boundary)를 단순하고 해석 가능한 선형 모델 등으로 근사(approximate)하여 설명을 제공하는 모델 불특정적(model-agnostic) 기법이다.

작동 방식: LIME은 설명하고자 하는 특정 데이터 인스턴스 주변에 미세한 변형(perturbation)을 가한 다수의 샘플을 생성한다. 이후 원본 블랙박스 모델을 사용하여 이 샘플들에 대한 예측값을 얻고, 원본 인스턴스와의 근접성을 가중치로 부여하여 이 데이터셋을 가장 잘 설명하는 단순한 로컬 모델(예: 희소 선형 회귀)을 학습시킨다. 이 로컬 모델의 계수(coefficients)가 해당 예측에 대한 각 특성의 기여도를 나타낸다.

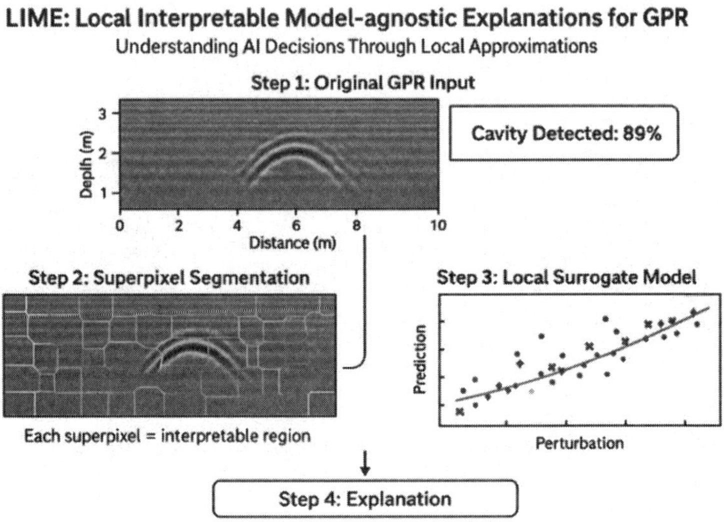

〈그림 7.8〉 GPR 탐사 LIME 모델

7.4.3 신뢰 기반의 AI 활용

XAI 기술은 GPR 분석에 딥러닝을 도입하는 과정에서 '신뢰'라는 필수 요소를 충족시키는 핵심적인 역할을 한다. 딥러닝 모델이 단순히 정답을 제시하는 자동화 '도구'를 넘어, 그 판단 근거를 전문가와 공유하고 검증받을 수 있는 투명한 '파트너'로 기능할 때, 비로소 인공지능 기술은 지표하 탐사의 안전성과 정확성을 한 차원 높이는 데 기여할 수 있을 것이다.

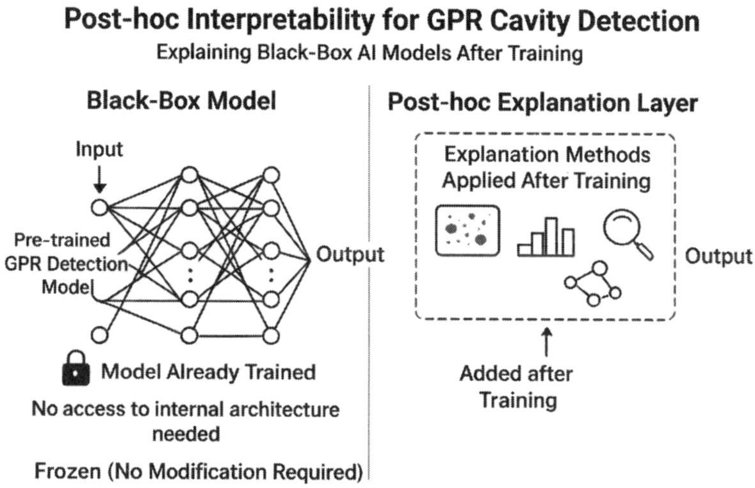

〈그림 7.9〉 XAI의 Post-hoc interpretability

Part 3.

GPR AI 연구 현황과 실무 응용

제8장. GPR AI 연구 현황

8.1 지하 탐사의 패러다임 전환

지하 공간의 복잡성과 중요성이 증대됨에 따라, 이를 비파괴적으로 탐사하고 정밀하게 분석하는 기술의 필요성은 그 어느 때보다 높아지고 있다. 특히 도심지 노후 인프라 관리, 지반 침하 예방, 지하 매설물 탐지 등 사회 안전과 직결된 분야에서 지표투과레이더(Ground-Penetrating Radar, GPR) 기술은 핵심적인 역할을 수행해왔다. 그러나 전통적인 GPR 데이터 해석 방식은 본질적인 한계에 직면했으며, 이는 인공지능(AI), 특히 딥러닝 기술의 도입을 촉발하는 결정적인 계기가 되었다.

8.1.1 지표투과레이더(GPR) 기술의 기초

GPR은 고주파 전자기(EM)파를 지하 매질로 방사하고, 전기적 특성이 다른 경계면에서 반사되어 돌아오는 신호를 수신하여 지하 구조를 영상화하는 비파괴 탐사(NDT) 기술이다. 이 과정은 송신 안테나에서 짧은 펄스 형태의 전자기파를 방사하고, 지하를 전파하는 동안 유전율(dielectric permittivity)이나 전기 전도도(conductivity)와 같은 전기적 물성이 급격히 변하는 지점, 예를 들어 토양과 암반의 경계, 지하 공동, 매설된 파이프 등에서 반사파가 발생하여 수신 안테나로 되돌아오는 원리에 기반한다.

GPR 데이터는 시각적으로 표현되는 방식에 따라 그 특성을 이해할 수 있다. 탐사의 가장 기본적인 데이터 단위는 특정 지점에서 수신된 단일 파형인 'A-scan'이다. 탐사 장비가 측선을 따라 이동하면서 연속적으로 A-scan

데이터를 수집하고 이를 나란히 배열하면, 지하 단면에 대한 2차원 이미지인 'B-scan'이 생성된다. 이 B-scan 이미지는 GPR 데이터 해석의 핵심으로, 지하의 층상 구조나 이상체의 존재를 시각적으로 보여준다. 특히 파이프, 철근, 공동과 같은 점(point) 형태의 이상체는 B-scan 이미지 상에서 특징적인 쌍곡선(hyperbola) 형태의 신호로 나타난다. 이는 GPR 안테나가 이상체에 접근했다가 멀어지는 과정에서 전자기파의 왕복 주행 시간(two-way travel time)이 변하기 때문에 발생하는 기하학적 패턴으로, 수많은 탐지 알고리즘의 주요 표적이 된다.

그러나 GPR 신호의 전파는 여러 요인에 의해 제약을 받는다. 가장 중요한 한계는 신호 감쇠(signal attenuation)로, 전자기파 에너지는 깊이에 따라 지수적으로 감소한다. 탐사 깊이와 해상도는 사용하는 안테나의 중심 주파수와 반비례 관계에 있다. 즉, 저주파 안테나(수십~수백 MHz)는 더 깊이 침투할 수 있지만 해상도가 낮아 작은 객체를 구분하기 어렵고, 고주파 안테나(수 GHz)는 얕은 깊이에서 높은 해상도를 제공하지만 침투 깊이가 제한된다. 이러한 상충 관계는 탐사 목적에 맞는 최적의 주파수 선택을 매우 중요한 과제로 만든다. 또한, 지하 매질의 구성은 GPR 탐사의 성패를 좌우하는 결정적 변수다. 건조한 모래나 자갈과 같이 전기 저항이 높은 매질은 전자기파 전파에 유리하지만, 수분을 많이 포함한 점토나 염분으로 포화된 토양과 같이 전기 전도도가 높은 매질은 신호를 빠르게 흡수하여 탐사 가능 깊이를 현저히 감소시킨다.

8.1.2 전통적 GPR 데이터 해석의 한계점

GPR 기술의 잠재력에도 불구하고, 전통적인 데이터 해석 방식은 여러 구조적인 문제점을 내포하고 있으며, 이는 기술의 확장성과 신뢰성을 저해하는 주요 원인으로 작용해왔다.

첫째, 해석 과정이 고도로 숙련된 전문가의 주관적 판단에 과도하게 의존한다는 점이다. 복잡한 지층 구조나 다수의 이상체가 혼재하는 환경에서 획득된 B-scan 이미지를 판독하는 것은 상당한 경험과 전문 지식을 요구한다. 동일한 데이터를 두고도 분석가의 경험 수준이나 판단 기준에 따라 해석 결과가 달라질 수 있어 일관성 확보가 어렵다. 특히, 국내외적으로 이러한 전문 인력은 매우 부족하여 GPR 탐사 수요가 급증하는 상황에서 심각한 병목 현상을 유발한다.

둘째, 수동 해석은 시간과 비용 측면에서 비효율적이다. 한 명의 전문 분석가가 하루에 처리할 수 있는 데이터의 양은 약 10~15km 분량에 불과한 것으로 알려져 있다. 전국 단위의 도로망이나 광범위한 도심지의 지하 안전을 체계적으로 관리하기 위해 수천, 수만 km에 달하는 탐사를 수행해야 하는 경우, 이러한 분석 속도는 현실적인 제약이 된다. 이는 막대한 시간적, 금전적 비용을 초래하여 예방적 유지보수 정책의 확산을 가로막는 장벽으로 작용한다.

셋째, 수동 해석은 본질적으로 오류 발생 가능성이 높다. GPR 신호는 목표 대상 외에도 토양의 불균질성, 작은 자갈, 나무뿌리 등에서 발생하는 클러터(clutter) 신호와 시스템 자체의 노이즈가 혼재되어 매우 복잡한 양상을 띤다. 분석가는 이러한 복잡한 신호 속에서 실제 공동이나 매설관이 생성하는 유의미한 쌍곡선 패턴을 식별해야 한다. 이 과정에서 중요한 신호를 놓치거나(False Negative) 클러터를 이상체로 오인하는(False Positive) 오류가 발생할 수 있다. 특히 싱크홀과 같이 시민의 안전에 치명적인 위협이 될 수 있는 지하 공동을 탐지하는 경우, 단 한 번의 판독 오류가 심각한 사고로 이어질 수 있다는 점에서 신뢰도 높은 자동화 기술의 필요성은 더욱 절실해진다.

이러한 한계는 단순한 기술적 불편함을 넘어, 사회적 요구에 부응하지 못하는 심각한 문제로 대두되었다. 특히 대한민국에서는 도심지 노후 상하수도관 파손 등으로 인한 지반 침하 사고가 빈번하게 발생하며 사회적 불안감

이 증대되었다. 이에 정부는 2018년 '지하안전관리에 관한 특별법'을 제정하여 지자체와 공공기관에 체계적인 공동 탐사를 의무화했다. 이 법률은 방대한 규모의 GPR 탐사를 요구하며, 기존의 수동 분석 방식으로는 도저히 감당할 수 없는 수준의 데이터 처리를 필요로 했다. 즉, AI 기반 자동화 기술의 도입은 더 이상 선택이 아닌, 국가적 안전 관리 정책을 이행하기 위한 필수불가결한 조건이 된 것이다. 기술의 발전이 사회적 필요를 창출하는 것이 아니라, 시급한 사회적·정책적 요구가 기술의 혁신을 강력하게 견인하는 전형적인 사례라 할 수 있다.

8.2 GPR 데이터 자동화를 위한 딥러닝

전통적인 GPR 데이터 해석의 한계를 극복하기 위한 대안으로 딥러닝 기술이 부상한 것은 필연적인 수순이었다. 딥러닝 모델, 특히 컴퓨터 비전 분야에서 혁신을 일으킨 신경망 아키텍처들은 GPR B-scan 이미지에 내재된 복잡한 패턴을 학습하고 인식하는 데 탁월한 능력을 보여주었다. 본 절에서는 GPR 데이터 분석의 엔진 역할을 하는 합성곱 신경망(CNN)의 기본 원리를 설명하고, 지하 객체 탐지 및 분할과 같은 특정 과업에 최적화된 주요 딥러닝 아키텍처들을 심층적으로 분석한다.

8.2.1 합성곱 신경망(CNN): GPR 이미지 분석의 엔진

합성곱 신경망(Convolutional Neural Network, CNN)은 이미지와 같은 그리드 형태의 데이터에서 공간적 계층 구조를 가진 특징을 자동으로 학습하도록 설계된 딥러닝 모델이다. GPR B-scan 데이터 분석에 CNN이 적합한 이유는 명확하다. B-scan 이미지는 지하 단면의 시각적 표현이며, 여기서 지하 공동이나 매설관을 찾는 작업은 본질적으로 이미지 내에서 특정 기하학적 패턴(예: 쌍곡선)을 인식하는 문제와 동일하기 때문이다.

전통적인 컴퓨터 비전 기법에서는 쌍곡선과 같은 특징을 탐지하기 위해 수동으로 설계된 필터나 템플릿 매칭 알고리즘을 사용해야 했다. 그러나 CNN은 이러한 수동적 특징 공학(feature engineering) 과정을 데이터 기반의 자동 학습으로 대체한다. 네트워크의 초기 합성곱 계층들은 이미지의 가장자리, 질감, 색상 변화와 같은 저수준(low-level) 특징을 감지하는 필터를 학습한다. 이어서 더 깊은 계층들은 이러한 저수준 특징들을 조합하여 쌍곡선의 곡률, 지층 경계의 연속성과 같은 더 복잡하고 추상적인 고수준(high-level) 특징을 학습하게 된다. 이처럼 데이터로부터 직접 특징을 학습하는 능력 덕분에

CNN은 다양한 지반 조건과 노이즈 환경에서도 강건한 성능을 발휘할 수 있는 잠재력을 지닌다.

8.2.2 지하 객체 탐지 및 분할을 위한 주요 아키텍처

GPR 데이터 분석의 주요 과업은 크게 두 가지로 나뉜다: 지하에 존재하는 특정 객체(예: 파이프, 공동)의 위치를 찾아내는 '객체 탐지(Object Detection)'와, 객체 또는 지층의 정확한 경계를 픽셀 단위로 구분하는 '이미지 분할(Image Segmentation)'. 각 과업에 특화된 딥러닝 아키텍처들이 활발히 연구 및 적용되고 있다.

객체 탐지 모델

객체 탐지 모델은 B-scan 이미지 내에서 관심 대상의 위치를 경계 상자(bounding box)로 표시하고, 해당 객체가 무엇인지(예: 공동, 맨홀)를 분류하는 역할을 수행한다.

Faster R-CNN(Region-based Convolutional Neural Network): 이 모델은 대표적인 2단계(two-stage) 탐지기로, 정확도가 높은 것으로 알려져 있다. 첫 번째 단계에서는 '영역 제안 네트워크(Region Proposal Network, RPN)'가 이미지 내에서 객체가 존재할 가능성이 높은 후보 영역들을 신속하게 제안한다. 두 번째 단계에서는 이 후보 영역들에 대해 정밀한 분류와 위치 보정을 수행하여 최종 탐지 결과를 도출한다. 이처럼 체계적인 접근 방식은 복잡한 배경 속에서 여러 객체가 겹쳐 있는 GPR 이미지 분석에 유리하다. 실제로 국내의 한국건설기술연구원(KICT)과 같은 기관에서는 지하 매설관 및 공동 탐지를 위한 AI 모델 개발에 Faster R-CNN을 핵심 아키텍처로 활용하고 있다. 또한, VGGNet과 같이 대규모 이미지 데이터셋으로 사전 학습된 모델을 백본(backbone) 네트워크로 사용하여 학습 효율과 성능을 높이는 전이 학습(transfer learning) 기법이 보편적으로 적용된다.

YOLO(You Only Look Once): YOLO는 1단계(single-stage) 탐지기로, 객체 탐지 문제를 하나의 회귀(regression) 문제로 간주하여 이미지 전체를 한 번만 보고 경계 상자와 클래스 확률을 동시에 예측한다. 이 구조적 단순함 덕분에 Faster R-CNN과 같은 2단계 모델에 비해 월등히 빠른 처리 속도를 자랑한다. 이러한 속도는 차량 탑재형 GPR 시스템을 이용한 실시간 도로 안전 점검과 같이 신속한 분석이 요구되는 응용 분야에서 결정적인 장점이 된다. 국내 연구에서도 지하 공동으로 인해 발생하는 특징적인 쌍곡선 신호를 자동으로 탐지하는 데 YOLOv3와 같은 모델이 성공적으로 적용된 사례가 있다.

이미지 분할 모델

이미지 분할 모델은 이미지 내 모든 픽셀을 특정 클래스로 분류하여, 객체의 정확한 모양과 크기, 그리고 지층과 같은 연속적인 구조의 경계를 정밀하게 묘사하는 데 사용된다.

U-Net: U-Net은 특히 의료 영상 분석을 위해 개발되었으나, 그 구조적 특성상 GPR 데이터 분석에도 매우 효과적인 아키텍처다. U-Net은 대칭적인 인코더-디코더(encoder-decoder) 구조를 특징으로 한다. 인코더(수축 경로)는 일련의 합성곱과 풀링(pooling) 연산을 통해 이미지의 전체적인 맥락(context) 정보를 압축하여 추출한다. 반면, 디코더(확장 경로)는 업샘플링(upsampling)을 통해 특징 맵의 해상도를 점차 복원하며 정밀한 위치 정보(localization)를 학습한다. U-Net의 핵심 혁신은 인코더의 각 단계에서 생성된 고해상도 특징 맵을 디코더의 해당 단계로 직접 연결하는 '스킵 연결(skip connection)'이다. 이 연결을 통해 디코더는 업샘플링 과정에서 손실될

수 있는 세밀한 공간 정보를 복원할 수 있어, 객체의 경계를 매우 정밀하게 분할할 수 있다. 이러한 특성은 불규칙한 형태를 가진 대규모 지하 공동의 정확한 체적을 산출하거나, 도로 포장층의 두께를 픽셀 단위로 정밀하게 측정하는 과업에 이상적이다. Attention U-Net, 3D U-Net 등 다양한 변형 모델들이 개발되어 그 성능과 적용 범위를 확장하고 있다.

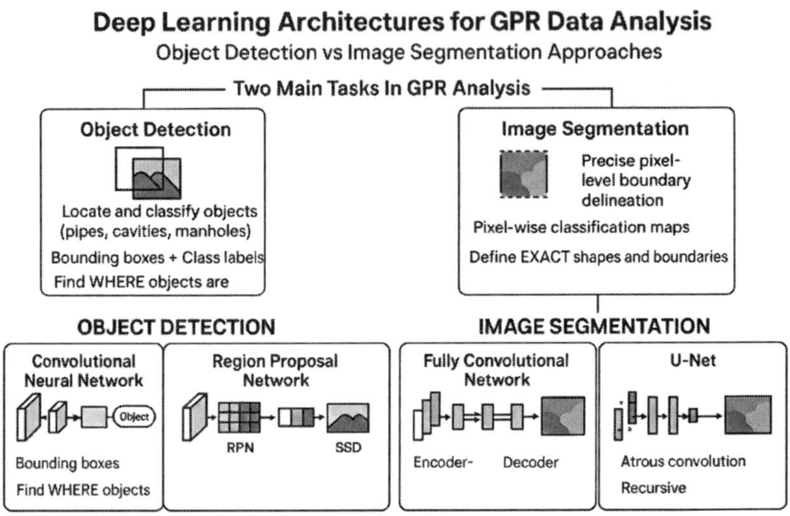

〈그림 8.1〉 GPR 데이터 분석을 위한 주요 딥러닝 아키텍처

8.3 국내 GPR-AI 연구

8.3.1 AI 연구에서 공공 데이터셋의 핵심적 역할

딥러닝 모델의 성능은 학습 데이터의 양과 질에 의해 결정된다고 해도 과언이 아니다. 그러나 GPR 분야에서는 대규모의 고품질 데이터를 확보하는 것 자체가 상당한 기술적, 경제적 장벽으로 작용해왔다. 이러한 문제에 대한 국가적 차원의 해결책으로 등장한 것이 바로 'AI HUB'를 통해 공개된 공공 데이터셋이다.

대규모 GPR 데이터를 수집, 처리, 레이블링하는 과정은 막대한 비용과 시간을 요구한다. 고가의 탐사 장비를 운용해야 하고, 현장 조사를 위해서는 도로 통제와 같은 복잡한 행정 절차가 필요하며, 수집된 방대한 원시 데이터를 전문가가 일일이 판독하여 정답(label)을 부여하는 작업은 지난한 과정이다. 이러한 높은 진입 장벽은 자원이 부족한 대학 연구실이나 중소기업이 GPR-AI 분야의 연구 개발에 참여하는 것을 사실상 불가능하게 만들었다.

AI HUB와 같은 플랫폼을 통해 표준화된 고품질 데이터셋이 공개되면서 이러한 구도가 근본적으로 바뀌었다. 첫째, 이는 연구의 '민주화'를 촉진했다. 이제 연구자들은 막대한 초기 투자 없이도 최신 딥러닝 모델을 개발하고 검증할 수 있는 기회를 갖게 되었다. 둘째, 공통의 데이터셋은 모델 성능을 객관적으로 비교하고 평가할 수 있는 '벤치마크'의 역할을 한다. 모든 연구 그룹이 동일한 데이터로 모델을 테스트함으로써, 특정 알고리즘의 우수성을 공정하게 입증하고 분야 전체의 기술 수준을 상향 평준화하는 선순환 구조가 만들어졌다.

8.3.2. 응용 분야별 연구 동향

국내 GPR-AI 연구는 명확한 사회적, 산업적 요구에 따라 특정 응용 분야에 집중되는 경향을 보인다.

- **도로 안전 및 싱크홀 예방:** 가장 활발한 연구가 이루어지는 분야로, 도심지 지반 침하 문제에 직접적으로 대응한다. 차량에 3D-GPR 장비를 탑재하여 도로를 주행하면서 대량의 데이터를 신속하게 수집하고, AI 모델이 이 데이터를 실시간 또는 준실시간으로 분석하여 공동 의심 지역을 자동으로 추출하는 방식이 주를 이룬다. 이렇게 1차적으로 선별된 위험 지역에 대해서만 천공 및 내시경 검사와 같은 2차 정밀 조사를 수행함으로써 전체적인 조사 효율을 극대화한다. 궁극적으로는 시간에 따른 공동의 성장 패턴을 추적하고 위험도를 정량적으로 평가하여, 사고가 발생하기 전에 선제적으로 보수·보강 조치를 취하는 예방적 유지보수 체계를 구축하는 것을 목표로 한다.
- **지하 유틸리티 매핑:** 굴착 공사 중 발생하는 지하 매설관 파손 사고는 막대한 경제적 손실과 사회적 혼란을 야기한다. 이를 방지하기 위해 GPR 데이터로부터 상하수도관, 가스관, 통신 케이블 등의 위치와 깊이를 자동으로 탐지하고 3차원 지도로 구축하는 AI 모델 연구가 활발히 진행되고 있다. 이러한 기술은 정확한 지하 시설물 정보를 건설 현장에 제공하여 안전하고 효율적인 공사를 지원한다.

〈그림 8.2〉 지하 유틸리티 매핑 예시

구조물 건전성 모니터링: GPR-AI 기술의 적용 범위는 도로를 넘어 교량, 터널, 댐과 같은 주요 사회 기반 시설물로 확장되고 있다. 예를 들어, 교량 상판의 노후화 및 내부 철근 부식 상태를 평가하거나, 제방과 같은 토목 구조물 내부의 잠재적 누수 경로 및 공동 발생 여부를 모니터링하는 데 GPR과 딥러닝 모델이 활용되고 있다. 이는 시설물의 수명을 연장하고 안전을 확보하는 데 중요한 역할을 한다.

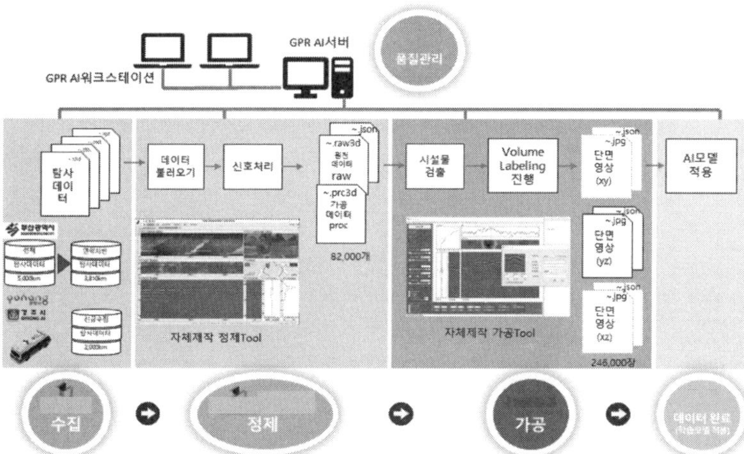

〈그림 8.3〉 GPR 딥러닝 AI모델
22년 인공지능 학습용 데이터 구축·활용 가이드라인(연약지반 GPR데이터)

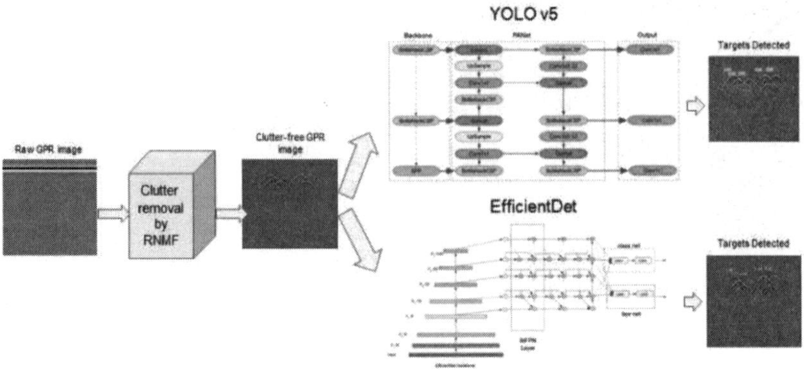

〈그림 8.4〉 GPR 딥러닝 AI모델
'23년 인공지능 학습용 데이터 활용 가이드라인
(도로 지상 시설물 안전 관리를 위한 GPR 데이터)

8.4 기술적 난제 극복: 첨단 기법과 미래 전망

국내 GPR-AI 연구가 괄목할 만한 성과를 거두고 있음에도 불구하고, 현장 적용성을 더욱 높이기 위해서는 여전히 해결해야 할 기술적 난제들이 존재한다. 데이터의 희소성 및 불균형 문제, 원시 데이터에 포함된 복잡한 노이즈, 그리고 단순 탐지를 넘어선 고차원적 분석의 필요성 등이 대표적이다.

8.4.1. 데이터 희소성 문제와 증강 전략

딥러닝 모델이 높은 성능을 발휘하기 위해서는 방대하고 다양한 학습 데이터가 필수적이지만, 실제 현장에서 모든 종류의 지반 조건과 이상체 유형을 포함하는 GPR 데이터를 충분히 확보하는 것은 거의 불가능에 가깝다. 특정 지역의 토질 조건에서 학습된 모델이 다른 지역에서는 성능이 저하되는 일반화(generalization) 문제가 발생하는 주된 원인이다.

이 문제를 해결하기 위한 초기 접근법은 이미지 회전, 크기 조절, 좌우 반전과 같은 간단한 기하학적 데이터 증강(augmentation) 기법을 사용하는 것이었다. 제한된 데이터셋의 크기를 인위적으로 늘리는 이 방법은 모델의 정확도를 일정 수준 향상시키는 효과가 있음이 입증되었다.

그러나 연구가 심화되면서, GPR 데이터의 물리적 특성을 반영하지 못하는 단순한 이미지 변환의 한계가 드러났다. 이에 따라 보다 정교한 데이터 생성 기술로 연구의 초점이 이동하고 있다. 이는 크게 두 가지 방향으로 나뉜다. 첫째는 유한차분 시간영역법(FDTD)과 같은 전자기파 전파 시뮬레이션 기법을 사용하여 가상의 지반 모델에 대한 합성 GPR 데이터(synthetic GPR data)를 생성하는 것이다. 이 방법은 물리 법칙에 기반하므로 매우 현실적인 데이터를 생성할 수 있으며, 실제 현장에서는 수집하기 어려운 희귀하거나 위험한 시나리오(예: 특정 깊이와 크기의 공동)에 대한 데이터를 대량으로 확보할 수 있다는 장점이 있다.

둘째는 딥러닝 기술 자체를 데이터 생성에 활용하는 것이다. 생성적 적대 신경망(GANs)이나 최근 각광받는 확산 모델(Diffusion Models)과 같은 생성 모델을 이용하여, 소량의 실제 GPR 데이터의 통계적 분포를 학습한 뒤, 이와 유사하면서도 새로운 가상의 B-scan 이미지를 무한히 생성하는 연구가 시도되고 있다. 이처럼 데이터 부족 문제를 해결하려는 노력은 단순한 공학적 기법에서 물리 기반 시뮬레이션, 그리고 최첨단 생성 AI 기술로 진화하고 있으며, 이는 GPR-AI 분야가 성숙한 전문 연구 영역으로 발전하고 있음을 보여주는 지표이다.

8.4.2. 데이터 불균형 문제 해결

GPR 탐사 데이터는 본질적으로 극심한 클래스 불균형(class imbalance) 문제를 안고 있다. 전체 탐사 구간 중 대부분은 '정상' 상태에 해당하며, 우리가 찾고자 하는 '지하 공동'이나 '누수'와 같은 이상 신호는 극소수에 불과하기 때문이다. 이러한 불균형 데이터로 모델을 학습시키면, 모델은 다수 클래스인 '정상' 상태만 잘 예측하고 정작 중요한 소수 클래스인 '이상' 신호는 놓치는 방향으로 최적화될 위험이 크다.

이 문제를 해결하기 위해 다양한 기법이 적용된다. 데이터 수준의 접근법으로는 소수 클래스 데이터를 인위적으로 복제하거나 새로 생성하여 그 수를 늘리는 오버샘플링(Oversampling)과 다수 클래스 데이터의 일부를 무작위로 제거하여 데이터셋의 균형을 맞추는 언더샘플링(Undersampling)이 있다. 특히, 오버샘플링 기법 중 SMOTE(Synthetic Minority Over-sampling Technique)는 소수 클래스 샘플들 사이의 공간을 보간하여 새로운 합성 샘플을 만들어냄으로써 단순 복제로 인한 과적합(overfitting) 문제를 완화하는 효과적인 방법으로 널리 사용된다.

알고리즘 수준의 접근법으로는 비용 민감 학습(cost-sensitive learning)이 있다. 이는 모델 학습 시 소수 클래스를 잘못 분류했을 때 더 큰 페널티(비용)를 부과하여, 모델이 소수 클래스 예측에 더 많은 주의를 기울이도록 유도하는 방식이다. 또한, AdaBoost와 같은 앙상블(ensemble) 기법은 여러 개의 약한 학습기를 순차적으로 학습시키면서 이전 단계에서 잘못 분류된 샘플에 가중치를 부여하는 방식으로 소수 클래스에 대한 학습 기회를 점진적으로 늘려나간다.

8.4.3. 첨단 연구 분야: 객체 탐지를 넘어서

현재 GPR-AI 연구는 객체 탐지를 넘어 더욱 근본적인 문제 해결로 나아가고 있다.

AI 기반 전처리(클러터 제거): GPR 데이터의 품질을 저해하는 가장 큰 요인은 지표면 반사, 안테나 간 직접 결합, 매질의 불균질성 등으로 인해 발생하는 강력한 클러터 신호다. 전통적으로는 평균 제거(mean subtraction), 특이값 분해(SVD) 등의 신호 처리 기법으로 클러터를 제거했지만, 이 과정에서 목표 신호까지 왜곡될 수 있는 한계가 있었다. 최근에는 오토인코더(Autoencoder)나 GAN과 같은 딥러닝 모델을 이용하여 B-scan 이미지에서 클러터 패턴만을 선택적으로 학습하고 제거하는 연구가 활발히 진행되고 있다. 이는 AI를 최종 판독기가 아닌, 원시 데이터의 품질을 향상시키는 전문가 수준의 신호 처리기로 활용하는 새로운 패러다임을 제시한다.

종단간 역산(End-to-End Inversion): GPR-AI의 궁극적인 목표는 B-scan 이미지에서 쌍곡선의 위치를 찾는 것을 넘어, 원시 파형 데이터로부터 지하 매질의 물리적 특성(예: 유전율, 전기 전도도) 분포를 직접적으로 추정하는 '역산(inversion)' 문제를 해결하는 것이다.

8.4.4. 미래 전망 및 통합 시스템 구축

GPR-AI 기술은 앞으로 더욱 고도화되고 다른 기술과 융합되면서 그 활용 가치를 극대화할 것으로 전망된다. YOLO와 같은 경량화된 고속 모델의 발전과 엣지 컴퓨팅(edge computing) 기술의 성장은 GPR 탐사 차량에서 데이터를 실시간으로 분석하는 것을 가능하게 할 것이다. 이는 잠재적 위험 요소를 현장에서 즉시 식별하고 경고함으로써, 탐사부터 조치까지 걸리는 시간을 획기적으로 단축시킬 수 있다.

더 나아가, AI 모델이 분석한 결과물(예: 탐지된 매설관과 공동의 정확한 3차원 좌표)은 국가 차원의 더 큰 정보 시스템과 연동될 것이다. 이러한 데이터가 지리정보시스템(GIS)이나 디지털 트윈(Digital Twin) 플랫폼에 지속적으로 공급되어, 시시각각 변화하는 국가 지하 공간의 3차원 지도를 동적으로 갱신하는 것이 최종적인 비전이다. 이는 AI, 지구물리학, 그리고 스마트 시티 인프라 관리 기술이 융합된 형태로, 보이지 않는 지하 세계를 가시화하고 과학적 데이터에 기반한 체계적인 관리를 가능하게 함으로써 보다 안전하고 지속 가능한 도시 환경을 구축하는 데 핵심적인 역할을 수행하게 될 것이다.

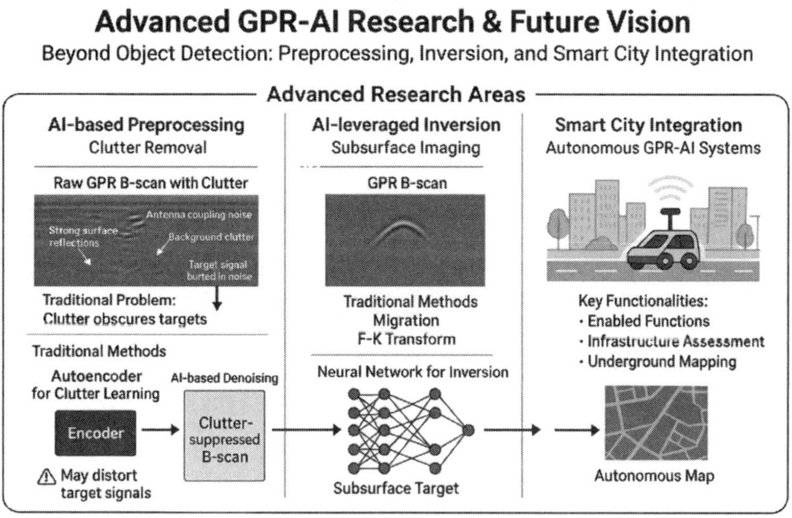

〈그림 8.5〉 스마트 GPR-AI모델

제9장. 실무 적용을 위한 환경 구축

9.1 상용 소프트웨어 연동

9.1.1 문제 제기: 운용 환경의 이질성과 기술적 장벽

딥러닝 모델의 개발 및 훈련은 파이썬(Python) 언어와 텐서플로우(TensorFlow), 파이토치(PyTorch)와 같은 전문 프레임워크를 중심으로 이루어진다. 반면, GPR 데이터 분석 실무 환경에서는 GSSI사의 RADAN, MALA사의 ReflexW 등 그래픽 사용자 인터페이스(GUI) 기반의 상용 소프트웨어가 보편적으로 사용된다. 이러한 개발 환경과 실무 운용 환경 간의 기술적 이질성은 딥러닝 기술의 현장 도입을 저해하는 핵심적인 장벽으로 작용한다. 우수한 성능의 AI 모델이 개발되더라도, 현장 전문가가 기존의 익숙한 작업 환경을 이탈하여 복잡한 코드 기반의 환경을 직접 운용해야 한다면 기술의 실용성은 현저히 저하될 수밖에 없다. 따라서, 개발된 AI 모델의 분석 기능을 기존 상용 소프트웨어에 효과적으로 통합하는 연동 기술이 필수적이다.

9.1.2 목표: 사용자의 워크플로우 속으로

상용 소프트웨어 연동의 궁극적 목표는 사용자의 추가적인 기술 학습 부담을 최소화하고, 기존에 확립된 분석 워크플로우를 변경하지 않으면서 AI의 고도화된 분석 기능을 자연스럽게 통합하는 것이다. 이상적인 통합 환경은 사용자가 소프트웨어 내의 특정 기능(예: 버튼 클릭)을 통해 복잡한 딥러닝 추론 과정을 백그라운드에서 실행하고, 그 결과를 즉시 기존 작업 화면의 데이터 위에 시각적으로 중첩하여 확인할 수 있도록 지원해야 한다.

9.1.3 주요 연동 방식

딥러닝 모델과 상용 소프트웨어의 연동은 기술적 통합 수준에 따라 다음과 같이 세 가지 방식으로 분류할 수 있다.

1. 플러그인 또는 애드온(Plugin / Add-on) 방식

가장 사용자 친화적이고 높은 수준의 통합을 제공하는 방식이다. AI 모델을 특정 상용 소프트웨어의 아키텍처에 맞춰 독립적인 기능 모듈(플러그인)로 패키징한다. 사용자는 해당 플러그인을 설치함으로써 'AI 기반 자동 탐지'와 같은 새로운 기능을 기존 소프트웨어 메뉴에 추가할 수 있다. 이 방식은 분석 대상 데이터를 백그라운드에서 AI 모델로 자동 전달하고, 추론 결과를 해석 레이어(Interpretation Layer) 형태로 원본 데이터 위에 직접 시각화하여 직관적인 분석 환경을 제공한다.

2. API(Application Programming Interface) 연동 방식

일부 상용 소프트웨어가 제공하는 API를 활용하여 외부 프로그램과 실시간으로 데이터를 교환하는 방식이다. 이를 통해 GPR 소프트웨어와 별도의 서버(클라우드 또는 로컬)에서 구동되는 AI 모델 간의 유기적인 연동 시스템을 구축할 수 있다. 이 방식은 서비스형 소프트웨어(SaaS) 모델 구현에 적합하며, 확장성과 유연성이 높다는 장점이 있다.

3. 데이터 파일 교환 방식

가장 기초적인 수준의 연동 방식이다. 상용 소프트웨어에서 분석 대상 데이터를 SEG-Y,.dzt 등과 같은 표준 파일 형식으로 내보낸 후, 이 파일을 독립된 AI 분석 프로그램에 입력하여 결과를 도출한다. 분석된 결과는 다시 상용 소프트웨어로 불러와 확인하는 절차를 거친다. 소프트웨어의 직접적인 연동 기능이 부재한 경우에도 적용 가능하지만, 수동 작업이 개입되어 워크플로우의 효율성을 저하시키는 단점이 있다.

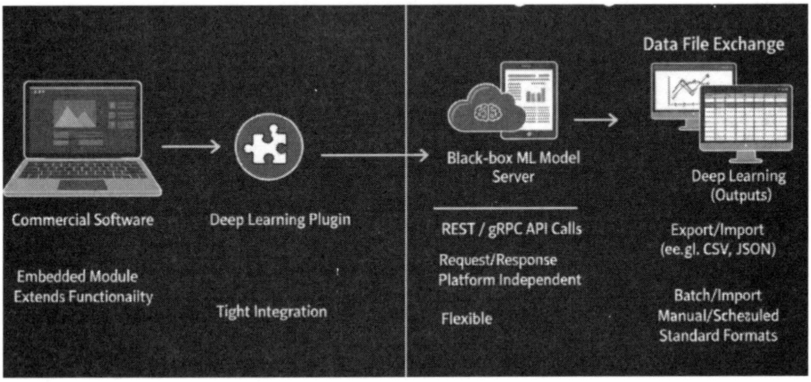

〈그림 9.1〉 상용 소프트웨어와의 연동

9.1.4 실제 연동 워크플로우 예시(플러그인 방식)

플러그인 방식을 통한 자동 공동 탐사 워크플로우는 일반적으로 다음과 같은 단계로 진행된다.

데이터 로딩: 사용자가 상용 GPR 소프트웨어에서 분석 대상 레이더그램(Radargram) 파일을 로드한다.

플러그인 실행: 메뉴에서 'AI 공동 탐지' 기능을 선택하여 플러그인을 활성화한다.

데이터 전송: 플러그인은 현재 활성화된 GPR 데이터를 AI 모델의 입력 형식에 맞게 자동으로 변환하여 백그라운드 추론 엔진으로 전달한다.

딥러닝 분석: AI 모델(예: U-Net)이 입력 데이터를 분석하여 공동 의심 영역에 대한 픽셀 단위의 분할 마스크(Segmentation Mask)를 생성한다.
결과 시각화: 플러그인은 추론 결과를 다시 전달받아, 원본 레이더그램 위에 공동 의심 영역을 강조하는 새로운 해석 레이어를 자동으로 생성 및 중첩하여 표시한다. 사용자는 이를 기반으로 정밀 분석 또는 현장 검증 등의 후속 조치를 결정한다.

이처럼 상용 소프트웨어와의 성공적인 연동은 딥러닝 기술이 연구 단계를 넘어, 산업 현장에서 실질적인 가치를 창출하는 실용적 도구로 자리매김하기 위한 필수적인 과정이다.

9.2 개발 환경 구축

9.2.1 딥러닝 연구를 위한 기반 환경

딥러닝 모델의 개발 및 훈련은 재현성과 확장성을 보장하는 안정적인 개발 환경을 전제로 한다. 개발 환경은 모델 구현, 데이터 처리, 학습 실행에 요구되는 모든 소프트웨어 도구의 집합체로서, 프로젝트의 기반이 되는 디지털 연구소 역할을 수행한다. 소프트웨어 구성요소 간의 의존성 및 버전 충돌 문제는 연구의 본질인 모델 개발 자체를 지연시키는 주요 원인이 될 수 있으므로, 체계적인 환경 구축은 프로젝트 성공의 선결 과제이다.

9.2.2 주력 언어, 파이썬(Python)

현대 딥러닝 연구 및 개발 생태계에서 파이썬은 사실상의 표준언어로 통용된다. 파이썬이 갖는 주요 이점은 다음과 같다.

간결한 문법: 직관적이고 간결한 문법 구조는 복잡한 알고리즘과 수학적 모델을 효율적으로 코드로 구현할 수 있게 한다.

방대한 라이브러리 생태계: 딥러닝 프레임워크를 비롯하여 수치 계산, 데이터 분석, 시각화 등 연구 개발에 필요한 거의 모든 기능을 고도로 최적화된 라이브러리 형태로 제공한다.

활성화된 커뮤니티: 거대한 사용자 커뮤니티는 최신 연구 동향 공유, 기술적 문제 해결, 오픈소스 코드 공개 등을 통해 기술 발전과 지식 확산을 촉진한다.

9.2.3 딥러닝 프레임워크

딥러닝 프레임워크는 신경망 구성, 자동 미분, 최적화 알고리즘 등 복잡한 연산을 추상화된 API 형태로 제공하여 개발자가 모델의 구조 설계에 집중할 수 있도록 지원하는 핵심 도구이다. 현재 생태계는 다음과 같은 두 프레임워크가 주도하고 있다.

텐서플로우(TensorFlow): 구글이 개발한 프레임워크로, 강력한 분산 학습 기능과 모델 배포(Deployment)를 위한 생태계(TensorFlow Serving, TensorFlow Lite 등)를 바탕으로 산업계에서 높은 점유율을 보인다.
파이토치(PyTorch): 메타(Meta)가 주도하는 프레임워크로, 파이썬 친화적인 직관적인 API와 동적 계산 그래프(Dynamic Computational Graph)를 특징으로 하여 연구 및 프로토타이핑 단계에서 높은 선호도를 보인다.

9.2.4 핵심 라이브러리

딥러닝 프레임워크 외에 데이터의 효율적인 처리와 분석을 위해 다음과 같은 핵심 라이브러리들이 필수적으로 사용된다.

NumPy(Numerical Python): 고성능 다차원 배열 객체와 이를 다루기 위한 도구를 제공하는 파이썬 과학 계산의 근간이 되는 라이브러리이다. GPR 이미지와 같은 데이터는 내부적으로 NumPy 배열로 처리된다.
Pandas: 데이터프레임(DataFrame) 객체를 중심으로, 정형 데이터를 다루기 위한 강력하고 유연한 자료구조와 분석 도구를 제공한다. 데이터 정제, 변환, 탐색 등 전처리 과정에서 핵심적인 역할을 수행한다.
Matplotlib & Seaborn: 데이터 시각화를 위한 라이브러리이다. GPR

데이터의 시각적 탐색, 모델 학습 과정 모니터링(예: 손실 곡선), 분석 결과의 시각적 표현 등에 활용되어 데이터와 모델에 대한 직관적인 이해를 돕는다.

9.2.5 의존성 관리를 위한 가상 환경

복수의 프로젝트를 진행할 때 발생하는 라이브러리 버전 충돌 문제를 방지하기 위해 가상 환경(Virtual Environment) 사용이 필수적이다. 가상 환경은 프로젝트별로 독립된 파이썬 실행 환경과 라이브러리 집합을 생성하여, 프로젝트 간 의존성 충돌을 원천적으로 차단한다. 이를 통해 각 프로젝트의 환경을 청결하게 유지하고 재현성을 보장할 수 있다. Conda는 이러한 가상 환경과 패키지 관리를 위한 대표적인 도구이다.

9.3 주요 딥러닝 아키텍처 및 기법 요약

GPR 데이터 분석 과업의 성공적인 수행은 문제의 특성에 가장 적합한 딥러닝 아키텍처와 기법을 선택하고 적용하는 능력에 달려 있다. 본 연구에서 논의된 핵심적인 아키텍처 패러다임과 그 적용성은 다음과 같이 요약된다.

9.3.1 이미지 분류 & 특징 추출(Image Classification & FeatureExtraction) 아키텍처

이 카테고리의 모델들은 이미지의 핵심적인 시각적 패턴을 학습하여 이미지를 특정 카테고리로 분류하거나, 다른 복잡한 작업을 위한 의미 있는 특징을 추출하는 데 중점을 둔다.

1. CNN(Convolutional Neural Network, 합성곱 신경망)

1) 용도 및 방식: CNN은 이미지 인식 분야의 가장 기본이 되는 아키텍처다. 이미지 전체를 보고 "이 사진은 고양이", "저 사진은 강아지"와 같이 하나의 대표적인 클래스로 분류하는(Classification) 역할을 한다. 또한, 이미지의 중요한 특징(모서리, 질감, 형태 등)을 추출하는 '특징 추출기(Feature Extractor)'로서 다른 모델의 핵심 구성 요소로도 널리 사용된다.

2) 핵심 구조:

합성곱 층(Convolutional Layer): 이미지에 필터(Filter 또는 커널)를 적용하여 특징 맵(Feature Map)을 생성하며, 이 과정을 통해 이미지의 지역적인 패턴을 감지한다.

풀링 층(Pooling Layer): 특징 맵의 크기를 줄여 계산량을 감소시키고, 특정 패턴의 위치 변화에 덜 민감하게 만든다(예: Max Pooling).

완전 연결 층(Fully Connected Layer): 추출된 특징들을 바탕으로 최종적으로 이미지를 어떤 클래스로 분류할지 결정한다.

3) 특징: 필터를 공유하여 학습 파라미터 수를 줄이고, 이미지의 공간적 구조를 유지하며 학습할 수 있어 매우 효율적이다.

2. EfficientNet

1) 용도 및 방식: EfficientNet은 CNN의 일종으로, 더 높은 정확도와 계산 효율성을 동시에 달성하기 위해 설계되었다. 주로 이미지 분류에 사용되지만, 뛰어난 특징 추출 능력 덕분에 객체 탐지나 이미지 분할 모델의 '뼈대(Backbone)'로도 활발히 사용된다.

2) 핵심 구조: 복합 스케일링(Compound Scaling)이라는 독창적인 방법을 사용한다. 기존에는 모델 성능을 높이기 위해 네트워크의 깊이(depth), 너비(width), 또는 입력 이미지의 해상도(resolution) 중 하나만 키우는 방식을 사용했다. 반면 EfficientNet은 AutoML을 통해 이 세 가지 요소를 가장 균형 잡힌 비율로 동시에 확장하여 제한된 자원 내에서 성능을 극대화한다.

3) 특징: 기존의 다른 모델들보다 훨씬 적은 파라미터(모델의 복잡도)로 더 높은 정확도를 달성하는, 이름 그대로 '효율적인' 모델이다.

다양한 크기의 모델(B0부터 B7까지)이 있어, 사용 환경의 제약(모바일, 클라우드 등)에 맞춰 선택할 수 있다.

9.3.2 객체 탐지(Object Detection) 아키텍처

객체 탐지는 이미지 내에 있는 여러 객체들의 위치(어디에 있는지)를 경계 상자(Bounding Box)로 표시하고, 각 객체가 무엇인지 분류하는 작업을 의미한다.

객체 탐지 기술은 크게 두 가지로 나눌 수 있으며, 첫 번째는 두 단계 접근 방식(Two-Stage Approach)이며, 두 번째는 단일 단계 접근 방식(Single-Stage Approach)이다. 두 단계 접근 방식의 대표적인 예로는 R-CNN(Region-based Convolutional Neural Networks) 계열의 모델이 있으며, R-CNN은 먼저 이미지에서 후보 영역을 추출한 후, 각 후보 영역에 대해 객체 분류를 수행하며, 이 방식은 높은 정확도를 자랑하지만, 속도가 느려 실시간 처리가 중요한 경우에는 한계가 있다. 반면, 단일 단계 접근 방식은 이미지 내의 모든 객체를 한 번에 탐지하는 방법이다. 대표적인 모델로는 YOLO(You Only Look Once)와 SSD(Single Shot MultiBox Detector)가 있다. 이 모델들은 빠른 속도로 객체를 탐지할 수 있어 실시간 응용에 적합하다. YOLO는 이미지를 그리드로 나누고 각 그리드 셀에서 객체를 예측하는 방식으로 작동한다. 이는 빠른 속도에도 불구하고 상대적으로 낮은 정확도를 가질 수 있다. 반면, SSD는 여러 크기의 바운딩 박스를 사용하여 다양한 크기의 객체를 탐지할 수 있도록 설계되어 있다.

1. R-CNN 계열(Two-Stage Detector)

1) 용도 및 방식: 정확도가 매우 중요한 객체 탐지 작업에 사용된다. 이름처럼 **두 단계**(Two-Stage)로 작동한다.

1-1) 후보 영역 추출(Region Proposal): 이미지 내에서 객체가 있을 만한 위치의 후보 영역들을 수백~수천 개 찾아낸다.

1-2) 분류 및 위치 보정(Classification & Regression): 각 후보 영역에 대해 CNN을 적용하여 객체의 클래스를 분류하고, 경계 상자의 위치를 더 정확하게 조정한다.

2) 핵심 구조: 후보 영역을 생성하는 모듈과, 이를 분류하는 CNN 모듈이 순차적으로 결합된 구조이다(R-CNN, Fast R-CNN, Faster R-CNN 순으로 발전).

3) 특징: 객체의 위치를 정교하게 찾아내므로 탐지 정확도가 매우 높다.

두 단계를 순차적으로 거치기 때문에 속도가 느려, 실시간 영상 처리가 중요한 경우에는 적용하기 어렵다.

2. YOLO(You Only Look Once, Single-Stage Detector)

1) 용도 및 방식: CCTV, 자율주행차 등 실시간 객체 탐지가 필수적인 분야에 특화된 모델이다. 이미지를 단 한 번만(You Only Look Once) 보고 객체의 위치와 종류를 동시에 예측하는 단일 단계(Single-Stage) 방식을 사용한다.
2) 핵심 구조: 이미지를 특정 크기의 그리드(Grid)로 나눈다. 그리고 각 그리드 셀이 자기가 포함하는 객체의 중심점과 경계 상자 정보, 그리고 클래스 확률을 직접 예측하도록 한다. 이 모든 과정이 하나의 통합된 신경망 안에서 한 번에 처리된다.
3) 특징: 후보 영역 추출 단계가 없어 구조가 단순하고 처리 속도가 매우 빠르다.

R-CNN 계열에 비해 상대적으로 정확도는 약간 낮을 수 있으나, 최신 버전으로 발전하며 정확도 또한 크게 향상되었다.

9.3.3 이미지 분할(Image Segmentation) 아키텍처

이미지 분할은 이미지의 각 픽셀이 어떤 클래스에 속하는지를 예측하는 작업이다. 객체의 경계를 따라 정교하게 영역을 구분한다.

1. U-Net

1) 용도 및 방식: 주로 의료 영상(MRI, CT 등)에서 종양이나 장기 등 특정 영역을 정밀하게 분리해내는 데 사용되며, 픽셀 단위로 분류하여 객체의 정확한 모양을 파악하는 데 매우 효과적이다.
2) 핵심 구조: 전체적인 구조가 알파벳 'U'자 모양을 닮아 U-Net이라 불린다.

2-1) 인코더(Encoder, 수축 경로): 입력 이미지의 특징을 압축하고 중요한 정보를 추출한다(CNN과 유사).

2-2) 디코더(Decoder, 확장 경로): 압축된 특징 맵을 다시 원래 이미지 크기로 확대하여 픽셀 단위의 예측 맵을 생성한다.

2-3) 스킵 연결(Skip Connection): 인코더의 각 단계에서 생성된 특징 맵을 디코더의 해당 단계로 직접 연결한다. 이를 통해 디코더가 이미지를 복원할 때 손실되었던 세밀한 위치 정보를 다시 활용할 수 있게 된다.

3) 특징: 스킵 연결 구조 덕분에 적은 양의 데이터로도 매우 정교한 분할 결과를 얻을 수 있다.

의료 영상뿐만 아니라 위성 사진 분석, 자율주행 등 다양한 분야에서 활용된다.

9.3.4 이미지 생성(Image Generation) 아키텍처

기존에 없던 새로운 이미지를 만들어내거나, 특정 이미지의 스타일을 바꾸는 등 창의적인 결과물을 생성하는 데 사용되는 모델이다.

1. GAN(Generative Adversarial Network, 생성적 적대 신경망)

1) 용도 및 방식: 세상에 존재하지 않는 사람 얼굴, 풍경 등 매우 사실적인 이미지를 생성하거나, 저해상도 이미지를 고해상도로 변환하는 등의 작업에 사용된다. 두 개의 네트워크가 서로 경쟁하며 학습하는 '적대적(Adversarial)' 방식이 핵심이다.

2) 핵심 구조:

2-1) 생성자(Generator): 무작위 노이즈로부터 실제와 유사한 가짜 이미지를

만들어 낸다. 경찰을 속이려는 위조지폐범에 비유할 수 있다.

2-2) 판별자(Discriminator): 생성자가 만든 가짜 이미지와 실제 이미지를 구별하도록 학습하며, 위조지폐범을 잡으려는 경찰에 비유할 수 있다.

이 두 네트워크는 서로 경쟁한다. 생성자는 판별자를 속이기 위해 점점 더 진짜 같은 이미지를 만들고, 판별자는 더 정교하게 가짜를 구별해낸다. 이 경쟁이 반복되면서 결국 생성자는 매우 사실적인 이미지를 만들 수 있게 된다.

3) 특징: 매우 창의적이고 사실적인 결과물을 생성할 수 있어 예술, 디자인, 엔터테인먼트 등 다양한 분야에 큰 영향을 미치고 있으며, 학습 과정이 불안정하여 좋은 결과물을 얻기 위한 튜닝이 어려울 수 있다.

모델명	주요 용도/방식	핵심구조	특징
1. 이미지 분류 & 특징 추출(Image Classification & Feature Extraction)			
CNN (합성곱 신경망)	이미지 분류, 특징 추출	합성곱층, 풀링층, 완전 연결층	• 가장 기본적인 이미지 인식 모델 • 필터를 통해 이미지의 패턴을 자동으로 학습
2. 객체 탐지(Object Detection)			
R-CNN 계열	객체 탐지 (Two-Stage)	후보 영역 추출 후 분류	• 높은 정확도를 가지는 것이 특징 • 속도가 느려 실시간 처리에는 한계가 있음
YOLO (You Only Look Once)	실시간 객체 탐지 (Single-Stage)	단일 신경망 기반의 그리드 방식	• 탐지 작업을 단일 네트워크로 처리하여 매우 빠름 • 이미지를 그리드로 나누어 객체를 한번에 예측
3. 이미지 분할(Image Segmanetation)			
U-Net	의료 이미지 분할 등	U자형 인코더-디코더, 스킵 연결	• 픽셀 단위로 정교하게 영역을 분리하여 예측 • 스킵 연결을 통해 공간정보 손실보존
4. 이미지 생성(Image Generation)			
GAN (생성적 적대 신경망)	이미지 생성, 변환	생성자와 판별자의 적대적 경쟁	• 실제와 구분이 어려운 새로운 이미지 생성 • 두 네크워크가 경쟁하며 학습하여 성능 향상

〈그림 9.2〉 핵심 모델 아키텍처 특징 비교

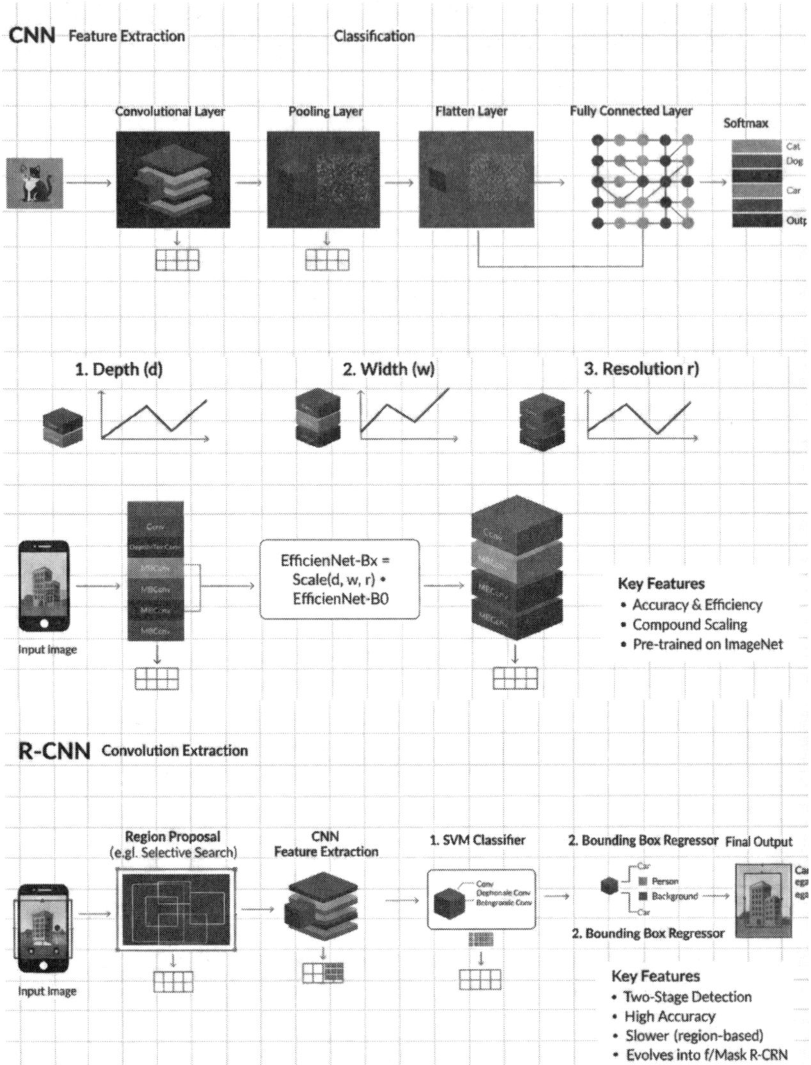

〈그림 9.3〉 주요 딥러닝 모델 아키텍처

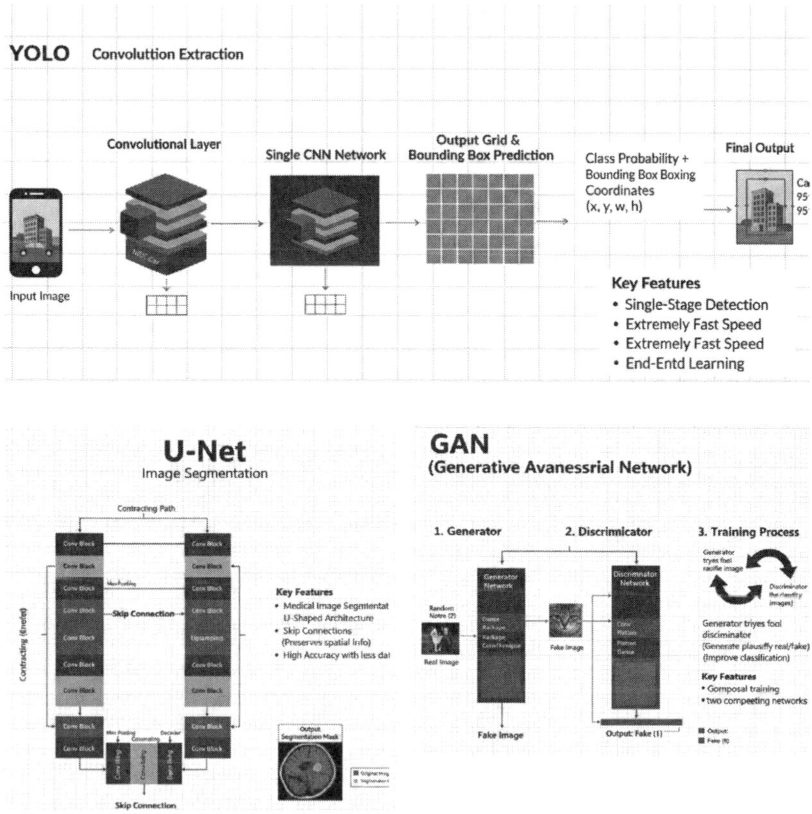

〈그림 9.3〉 주요 딥러닝 모델 아키텍처(계속)

9.3.5 핵심 학습 전략 및 기법

1. 데이터 증강(Data Augmentation)

목적: GPR 데이터는 수집의 물리적, 비용적 제약으로 인해 대규모 데이터셋 확보가 어렵다. 데이터 증강은 제한된 원본 데이터에 변형을 가하여 학습 데이터의 양과 다양성을 인위적으로 확장함으로써, 모델의 과적합(Overfitting)을 억제하고 일반화(Generalization) 성능을 향상시키는

것을 목표로 한다.

방법: 기하학적 변환(Geometric Transformation)인 이미지 회전, 확대/축소, 좌우 반전 등이 보편적으로 사용된다. 또한, GPR 신호의 물리적 특성을 고려한 잡음 추가, 밝기 및 대비 조절과 같은 기법을 적용하여, 다양한 현장 조건에 대한 모델의 강건성(Robustness)을 확보한다.

2. 전이 학습(Transfer Learning)

목적: 소규모의 GPR 데이터셋만으로 심층 신경망을 처음부터 학습시키는 것의 비효율성을 극복하고, 학습 성능을 극대화하는 것을 목표로 한다.

방법: ImageNet과 같은 대규모 이미지 데이터셋으로 사전 학습(Pre-trained)된 모델(예: VGGNet, ResNet)의 가중치를 초깃값으로 활용한다. 이 모델의 초기 계층들은 이미지의 보편적인 저수준 특징(선, 질감 등)을 추출하는 능력을 이미 갖추고 있으므로, 소량의 GPR 데이터셋을 이용해 모델의 후반부 계층을 미세 조정(Fine-tuning)함으로써 GPR 이미지의 특화된 특징을 효율적으로 학습시킨다.

3. 과적합 방지(Overfitting Prevention)

목적: 모델이 훈련 데이터에 과도하게 최적화되어, 실제 운용 환경의 새로운 데이터에 대한 예측 성능이 저하되는 과적합 현상을 방지하는 것을 목표로 한다.

방법: 모델의 일반화 성능을 높이기 위해 다양한 정규화(Regularization) 기법이 적용된다. 대표적으로, 검증 데이터셋(Validation set)의 성능이 더 이상 개선되지 않을 때 학습을 중단하는 조기 종료(Early Stopping), 학습 과정에서 신경망의 일부 뉴런을 무작위로 비활성화하여 모델이 특정 특징에 과도하게 의존하는 것을 막는 드롭아웃(Dropout), 모델의 가중치(Weight) 크기에

페널티를 부과하여 모델의 복잡도를 제어하는 가중치 감쇠(Weight Decay, L2 정규화) 등이 있다

4. 해석 가능한 AI(XAI, Explainable AI)

목적: 딥러닝 모델의 내부 동작 원리가 불투명한 '블랙박스(Black Box)' 문제를 해결하고, 모델의 예측 결과에 대한 신뢰성과 투명성을 확보하는 것을 목표로 한다. 이는 GPR 분석 결과가 안전과 직결되는 의사결정에 활용되므로 매우 중요하다.

방법: 모델이 특정 예측을 내리는 데 있어 입력 이미지의 어떤 영역이 결정적인 영향을 미쳤는지를 시각화하는 기법을 활용한다. Grad-CAM(Gradient-weighted Class Activation Mapping)과 같은 기술은 모델의 마지막 합성곱 계층의 그래디언트 정보를 활용하여 클래스 활성화 맵(Class Activation Map), 즉 히트맵(Heatmap)을 생성한다. 이를 통해 분석가는 AI가 GPR 이미지의 쌍곡선 신호나 특정 패턴을 정확히 인식하고 판단했는지 직관적으로 검증할 수 있다.

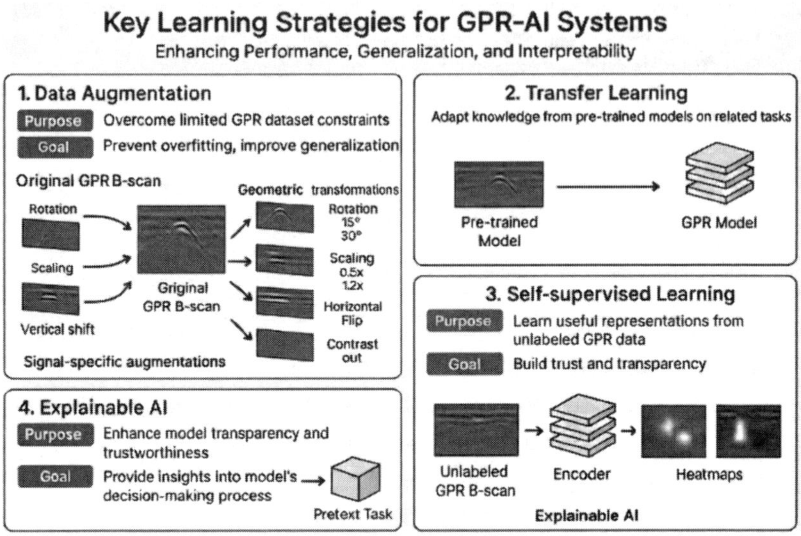

〈그림 9.4〉 GPR-AI 시스템 핵심 딥러닝 전략

제10장. 실전 프로젝트: 도로 하부 공동 분석

10.1 프로젝트 개요 및 목표 설정

10.1.1 배경 및 필요성

본 장에서는 GPR의 물리적 원리와 딥러닝의 분석론을 통합하여, 현대 도시의 안전과 직결된 핵심 과제인 도로 하부 공동(Cavity) 탐지 문제를 해결하기 위한 실증적 프로젝트를 수행한다.

최근 도심지에서 빈번하게 발생하는 도로 함몰(Sinkhole) 사고는 심각한 인명 및 재산 피해를 유발하는 주요 사회적 재난으로, 그 근본 원인은 도로 포장층 하부에 은닉된 공동의 존재에 있다. GPR은 이러한 공동을 탐지하는 데 가장 효과적인 비파괴 탐사 기술로 평가받고 있으나, 탐사를 통해 생성되는 방대한 양의 데이터를 전문가가 수동으로 분석해야 하는 본질적인 한계를 내포한다. 이 수동 해석 과정은 과도한 시간이 소요될 뿐만 아니라, 분석가의 주관적 판단에 따른 편향이 개입될 수 있어 결과의 일관성과 객관성을 확보하기 어렵다.

따라서 GPR 데이터 해석 프로세스를 자동화하여 신속하고 객관적인 도로 위험 요소 탐지를 가능하게 하는 지능형 시스템의 개발은 시급한 과제이다.

10.1.2 프로젝트 최종 목표

본 프로젝트의 최종 목표는 딥러닝 기술을 적용하여 GPR 데이터로부터 도로 하부 공동을 자동으로 탐지하고, 그 위치와 형태 정보를 시각적으로 제공하는 지능형 분석 시스템의 프로토타입을 구축하는 것이다. 이는 단순히 공동의 유무를 이진 분류하는 수준을 넘어, 특정 레이더그램 내에서 공동이 존재하는 깊이와 수평 위치, 그리고 그 기하학적 형태를 픽셀 단위로 정밀하게 분할(Segmentation)하여 제시하는 것을 포함한다.

10.1.3 구체적인 세부 목표

최종 목표 달성을 위해 다음과 같은 네 가지 세부 목표를 설정한다.

GPR 공동 탐지 데이터셋 구축: 실제 도로 탐사 데이터 및 전산 시뮬레이션을 통해 GPR 데이터를 확보한다. 확보된 데이터에 대해 GPR 분석 전문가의 검수를 거쳐 공동 영역을 픽셀 단위로 정밀하게 어노테이션(Annotation)하여, 모델 학습에 필요한 Ground Truth 데이터셋을 구축한다.

딥러닝 기반 공동 영역 분할 모델 개발: 이미지의 의미론적 분할(Semantic Segmentation)에 최적화된 U-Net 아키텍처를 기반으로, GPR 데이터의 고유한 신호 특성을 효과적으로 학습할 수 있는 딥러닝 모델을 설계 및 최적화한다. 구축된 데이터셋을 이용하여 모델을 훈련시키고, 데이터 증강 및 조기 종료 등 과적합 방지 기법을 적용하여 모델의 일반화 성능을 확보한다.

모델 성능의 정량적 평가: 훈련 과정에 사용되지 않은 독립적인 테스트 데이터셋을 이용하여 개발된 모델의 성능을 객관적으로 평가한다. IoU(Intersection over Union), 정밀도(Precision), 재현율(Recall) 등 표준화된 평가 지표를 사용하여 모델의 정확성과 신뢰도를 정량적으로 검증한다.

결과 시각화 및 해석: 모델의 추론 결과를 원본 GPR 레이더그램 위에 중첩하여 시각화함으로써, 사용자가 공동의 위치와 형태를 직관적으로 인식하고 해석할 수 있는 인터페이스를 구현한다.

10.1.4 기대 효과

본 프로젝트의 성공적인 수행을 통해 다음과 같은 기술적, 사회적 효과를 기대할 수 있다.

분석 효율성 극대화: 수동 분석 대비 데이터 처리 속도를 획기적으로 향상시켜, 광범위한 도로망에 대한 신속한 안전 점검을 가능하게 한다.
판독 결과의 객관성 및 일관성 확보: 정량적 기준에 기반한 자동화된 분석을 통해 분석가의 주관적 판단에 따른 오류 및 편차를 최소화한다.
선제적 재난 예방: 육안으로 식별하기 어려운 초기 단계의 미소 공동 탐지 능력을 향상시켜, 도로 함몰 사고로 이어질 수 있는 잠재적 위험 요소를 사전에 식별하고 선제적으로 대응하는 데 기여한다.

10.2 데이터 준비 및 라벨링

10.2.1 데이터의 근본적 중요성

딥러닝 모델의 성능은 학습에 사용되는 데이터의 질과 양에 의해 근본적으로 결정된다. "Garbage In, Garbage Out" 원칙이 시사하듯, 알고리즘의 정교함과 무관하게 부정확하거나 편향된 데이터로 훈련된 모델은 결코 신뢰성 있는 결과를 도출할 수 없다. 따라서 본 프로젝트의 성공은 고품질의 학습 데이터셋을 구축하는 foundational 단계에서부터 시작된다.

10.2.2 데이터 확보 전략: 실증과 시뮬레이션의 결합

공동 탐지 모델의 효과적인 훈련을 위해서는 '공동'이 포함된 이상(anomalous) 데이터와 '공동'이 없는 정상(normal) 데이터가 모두 필요하다. 데이터 확보는 다음과 같은 하이브리드 방식으로 접근한다.

실제 탐사 데이터(Field Data): 가장 이상적인 데이터는 실제 도로 환경에서 GPR 장비로 탐사하고, 후속 물리 탐사(예: 시추공 조사)를 통해 공동의 존재 유무와 규모가 검증된 데이터이다. 그러나 이러한 데이터는 확보 과정에서 막대한 비용과 시간이 소요되며, '공동'이라는 이상 현상 자체가 통계적으로 희소하기 때문에 충분한 양의 데이터를 확보하는 데 현실적인 제약이 따른다.

합성 데이터(Synthetic Data): 실제 데이터의 희소성을 극복하기 위한 효과적인 대안은 전산 시뮬레이션을 통해 가상의 GPR 데이터를 생성하는 것이다. FDTD(Finite-Difference Time-Domain)와 같은 전자기파 수치 해석 기법을 활용하면, 다양한 물리적 조건(공동의 크기, 형태, 깊이, 매질 특성 등)을 통제하는 가상 지반 모델을 구축하고, 이에 해당하는 GPR 레이더그램을 대량으로 생성할 수 있다. 합성 데이터는 완벽하게 제어된 Ground Truth를 제공하므로, 모델이 공동 신호의 본질적인 물리적 특징을 학습하는 데 결정적인 역할을 한다.

본 프로젝트에서는 실제 탐사 데이터가 갖는 현실성과 합성 데이터가 제공하는 다양성 및 양적 이점을 결합하여 데이터셋의 완성도와 모델의 강건성을 제고한다.

10.2.3 핵심 공정: 데이터 어노테이션(Annotation)

수집된 원시 데이터는 모델이 학습할 수 있는 '정답' 정보를 부여하는 어노테이션(Annotation) 또는 라벨링(Labeling) 공정을 거쳐야 한다. 본 프로젝트에서 활용하는 U-Net 기반의 의미론적 분할 모델은 입력된 GPR 이미지의 각 픽셀이 특정 클래스(예: '공동', '이완 영역', '정상 지반')에 속하는지를 명시하는 픽셀 단위의 정답지, 즉 분할 마스크(Segmentation Mask)를 요구한다.

어노테이션 절차는 다음과 같다.

전문가 검토: GPR 데이터 분석 전문가가 확보된 각 레이더그램의 신호 특성을 정밀하게 검토한다.

영역 분할 및 라벨링: 전문가는 전용 어노테이션 도구를 사용하여, 공동으로 판독되는 영역의 경계를 픽셀 단위로 정밀하게 지정한다. 각 클래스에는 고유한 정수 값(예: 공동=1, 이완 영역=2, 정상 지반=0)이 할당되어 마스크 이미지가 생성된다.

데이터 쌍 생성: 이 과정을 통해 모든 원본 GPR 이미지는 자신과 동일한 해상도를 갖는 '라벨 마스크' 이미지와 한 쌍을 이루게 된다.

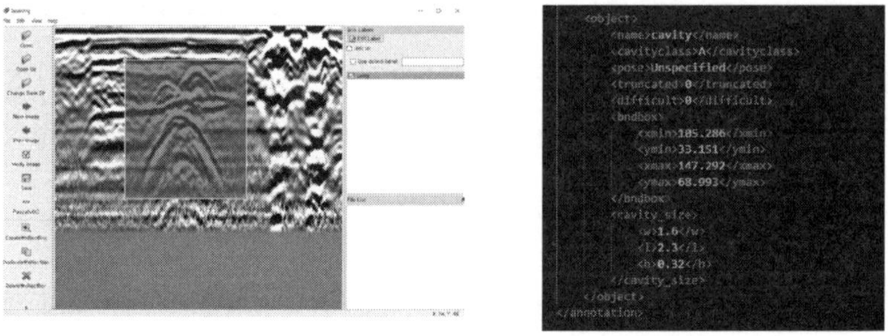

〈그림 10.1〉 GPR 데이터 라벨링(labelImg)

10.2.4 최종 데이터셋 구성 및 전처리

어노테이션이 완료된 데이터는 모델 학습에 적합한 최종 형태로 가공된다.

입력-정답 쌍 구성: 학습 데이터셋의 기본 단위는 원본 GPR 이미지와 해당 라벨 마스크로 구성된 한 쌍의 데이터이다.

데이터셋 분할: 전체 데이터셋은 모델의 학습 및 객관적인 성능 평가를 위해 훈련(Training), 검증(Validation), 테스트(Test)용으로 엄격히 분할된다. 이 세 가지 데이터셋은 상호 배타적으로 구성되어야 하며, 이를 통해 모델의 일반화 성능을 공정하게 평가할 수 있다.

데이터 증강 적용: 훈련용 데이터셋에 한하여 좌우 반전, 잡음 추가 등 데이터 증강 기법을 적용한다. 이는 모델이 학습 데이터에 과적합되는 것을 방지하고, 다양한 노이즈 및 탐사 조건에 대한 강건성을 향상시키는 효과를 가진다.

결론적으로, 데이터 준비 및 어노테이션 과정은 상당한 시간과 전문 인력의 노력을 요구하는 자원 집약적 작업이지만, 최종 모델의 성능과 신뢰도를 결정하는 가장 근본적이고 중요한 단계이다.

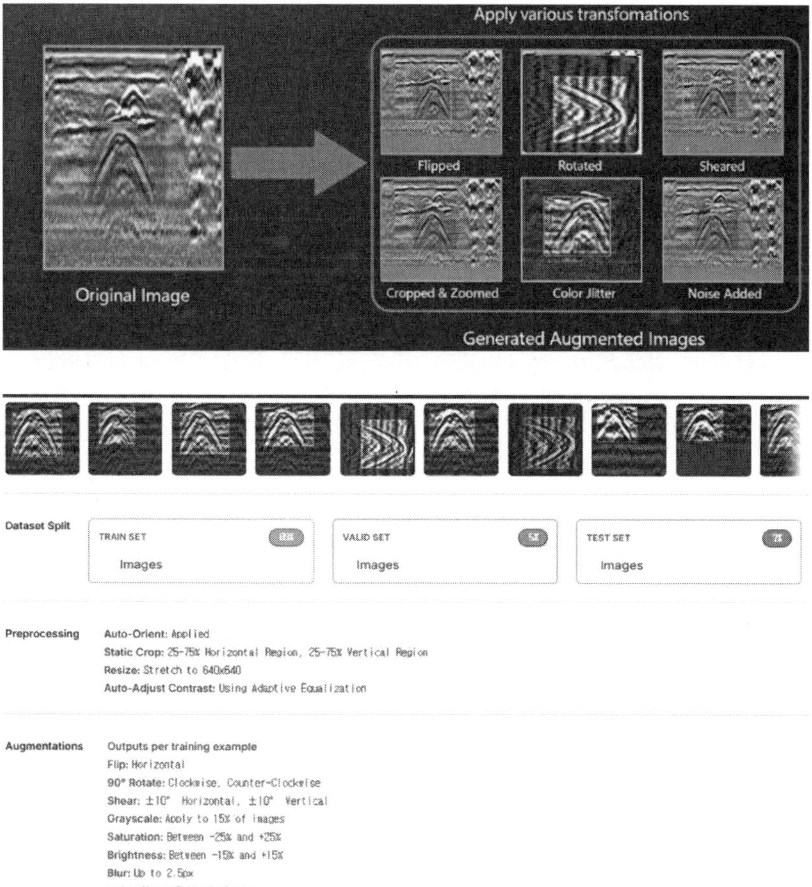

〈그림 10.2〉 데이터셋 분할 및 증강(roboflow)

10.3 YOLOv5 모델 학습

10.3.1 방법론적 전환: 객체 탐지 모델(YOLOv5)의 적용

앞서 논의된 U-Net 기반의 의미론적 분할(Semantic Segmentation)은 공동의 정확한 형태와 면적을 픽셀 단위로 산출하는 데 매우 효과적인 접근법이다. 그러나 실시간 탐사 또는 광역 스크리닝과 같은 특정 응용 시나리오에서는 정밀한 형태 정보보다 "공동의 존재 유무 및 위치"를 신속하게 식별하는 것이 우선적인 과제가 될 수 있다.

이러한 객체 탐지(Object Detection) 과업에 최적화된 대표적인 모델이 YOLO(You Only Look Once) 계열이다. YOLO는 이미지를 단 한 번의 순방향 연산(single forward pass)으로 처리하여 내부에 존재하는 다수 객체의 위치와 클래스를 고속으로 예측한다. 특히 YOLOv5는 높은 탐지 성능과 빠른 추론 속도 간의 균형이 뛰어나며, 잘 구축된 프레임워크를 제공하여 신속한 프로토타입 개발 및 실증에 매우 적합하다.

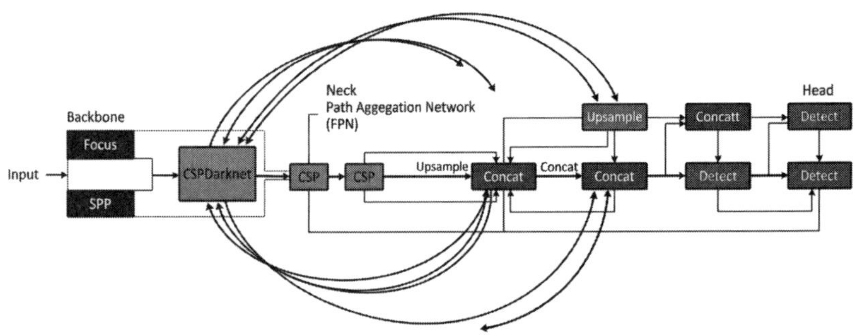

〈그림 10.3〉 YOLOv5 객체 탐지 흐름도

본 절에서는 공동을 하나의 '객체(object)'로 정의하고, YOLOv5 모델을 이용하여 GPR 레이더그램 내에서 공동의 위치를 경계 상자(Bounding Box)로 특정하는 프로젝트를 수행한다.

10.3.2 학습 준비: YOLOv5를 위한 데이터 구조화

YOLOv5 모델의 훈련을 위해서는 의미론적 분할 모델과는 상이한 어노테이션 스키마(annotation schema)가 요구된다. YOLOv5는 각 이미지에 대해, 이미지 내에 존재하는 모든 객체의 클래스 및 위치 정보가 기술된 별도의 텍스트(.txt) 파일을 필요로 한다.

어노테이션: 전용 라벨링 도구(예: LabelImg, Roboflow)를 사용하여 GPR 레이더그램에 나타난 각 공동 영역을 경계 상자(Bounding Box)로 지정한다.

데이터 형식: 어노테이션이 완료되면, 각 이미지 파일(예: image001.png)에 대응하는 동일한 이름의 텍스트 파일(예: image001.txt)이 생성된다. 이 텍스트 파일 내에는 이미지에 포함된 각 객체에 대한 정보가 한 줄씩 다음 형식으로 기록된다.

〈classid〉 〈xcenter〉 〈ycenter〉 〈width〉 〈height〉

〈classid〉: 객체의 클래스를 나타내는 정수 인덱스(예: 0 = '공동').

〈xcenter〉, 〈ycenter〉, 〈width〉, 〈height〉: 경계 상자의 중심 x, y 좌표와 너비, 높이를 각각 이미지의 전체 너비와 높이에 대해 범위로 정규화(normalize)한 값이다.

데이터셋 구성: 생성된 이미지-텍스트 쌍들을 훈련(train), 검증(valid), 테스트(test)용 디렉터리로 분할하여 최종 데이터셋을 구성한다.

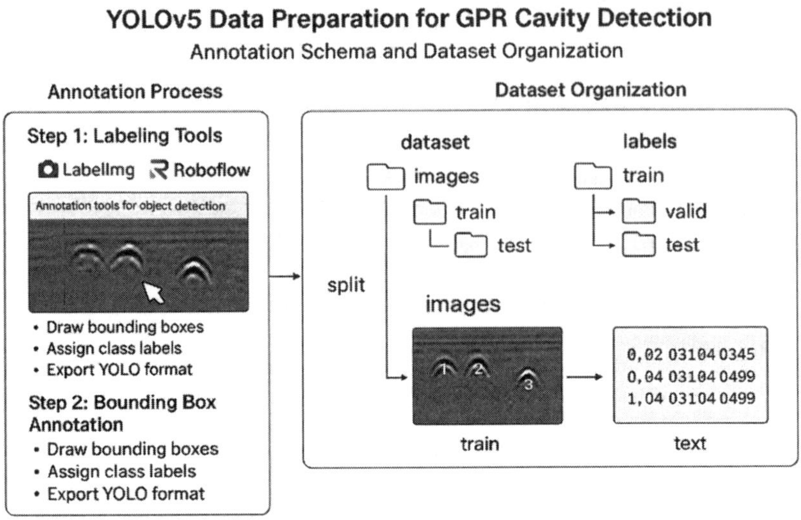

〈그림 10.4〉 YOLOv5 모델을 활용한 객체 탐지 모식도

10.3.3 모델 학습 실행

YOLOv5 프레임워크는 학습 과정을 표준화하여 비교적 간결하게 모델 훈련을 수행할 수 있도록 지원한다.

환경 설정: YOLOv5 공식 GitHub 리포지토리를 복제(clone)하고, requirements.txt 파일에 명시된 필수 라이브러리를 설치한다.
설정 파일(YAML) 작성: 데이터셋의 경로, 클래스의 수 및 이름 등 프로젝트의 메타데이터를 정의하는 YAML 형식의 설정 파일(customdata.yaml)을 작성한다.
훈련 실행: 터미널에서 다음 예시와 같은 명령어를 통해 훈련을 시작한다. 이때, 대규모 데이터셋(예: COCO)으로 사전 학습된 가중치(yolov5s.pt 등)를 weights 인자로 지정하여 전이 학습(Transfer Learning)을 수행하는 것이 일

반적이다. 이는 모델이 범용적인 시각적 특징 추출 능력을 초기 가중치로 활용하게 함으로써, GPR 데이터에 대한 학습 수렴 속도를 높이고 최종 성능을 향상시키는 효과를 가져온다.

10.3.4 성능 최적화

초기 학습을 통해 확보된 모델은 성능의 기준선(baseline) 역할을 하며, 최적의 성능을 달성하기 위해서는 하이퍼파라미터 튜닝(Hyperparameter Tuning) 과정이 필수적이다.

- **모델 아키텍처 선택:** YOLOv5는 s(small), m(medium), l(large), x(extra-large) 등 다양한 규모의 모델을 제공한다. 모델의 크기(파라미터 수)는 탐지 정확도와 추론 속도 간의 트레이드오프(trade-off) 관계에 있다. 실시간 처리가 중요하다면 경량 모델(s, m)을, 정확도가 우선이라면 대형 모델(l, x)을 선택하는 등 응용 목적에 맞는 아키텍처를 선정해야 한다.
- **배치 크기(Batch Size):** 한 번의 반복(iteration)에서 처리할 데이터의 양으로, GPU 메모리 용량에 따라 결정된다. 일반적으로 배치 크기가 클수록 학습이 안정화되는 경향이 있다.
- **에폭(Epochs) 수:** 전체 훈련 데이터셋을 반복 학습하는 횟수이다. 과소적합(underfitting)과 과적합(overfitting) 사이의 균형을 맞추는 것이 중요하며, 검증 데이터셋의 손실(validation loss)을 모니터링하여 최적의 학습 지점을 결정한다(조기 종료 기법 활용).
- **학습률(Learning Rate):** 경사 하강법(Gradient Descent)에서 가중치를 업데이트하는 보폭(step size)을 결정하는 가장 중요한 하이퍼파라미터 중 하나이다. 학습률 스케줄러(learning rate scheduler)와 함께 최적의 값을 탐색하는 과정이 모델 성능에 결정적인 영향을 미친다.

이러한 튜닝 과정을 반복적으로 수행함으로써, 주어진 GPR 데이터셋에 대해 가장 높은 탐지 성능을 보이는 최적화된 YOLOv5 모델을 구축할 수 있다.

10.4 결과 분석 및 시각화

10.4.1 모델 성능의 실증적 타당성 검증

학습된 YOLOv5 모델의 성능은 훈련에 사용되지 않은 독립적인 테스트 데이터셋을 통해 정량적으로 평가하며, 이는 모델의 실증적 타당성을 확보하는 과정이다. GPR 데이터 기반 객체 탐지 모델의 평가는 단순 분류 정확도를 넘어, 탐지 위치의 공간적 정확성과 예측의 신뢰도를 종합적으로 고려해야 하므로 다음의 핵심 지표를 사용한다.

혼동 행렬(Confusion Matrix): 모델의 예측 결과를 TP, FP, FN, TN의 네 가지 유형으로 분류하여 모든 성능 지표를 계산하는 기초를 제공한다.

정밀도(Precision)와 재현율(Recall): 정밀도는 모델이 '공동'이라고 예측한 것 중 실제 공동의 비율을, 재현율은 실제 공동 중 모델이 탐지해낸 비율을 나타낸다. 특히 도로 안전 분야에서는 잠재적 위험을 놓치는 것(FN)이 오탐지(FP)보다 훨씬 치명적이므로, 재현율을 높게 유지하는 것이 모델의 최우선 과제가 된다.

IoU(Intersection over Union): 예측된 경계 상자와 실제 정답 영역의 중첩 면적을 측정하여 모델의 공간적 위치 특정 정확도를 평가한다.

mAP(mean Average Precision): 다양한 IoU 임곗값과 재현율 수준에 대한 정밀도의 평균값으로, 모델이 얼마나 일관되게 공동을 정확히 분류하고 위치를 잘 찾아내는지를 나타내는 단일 통합 성능 지표이다.

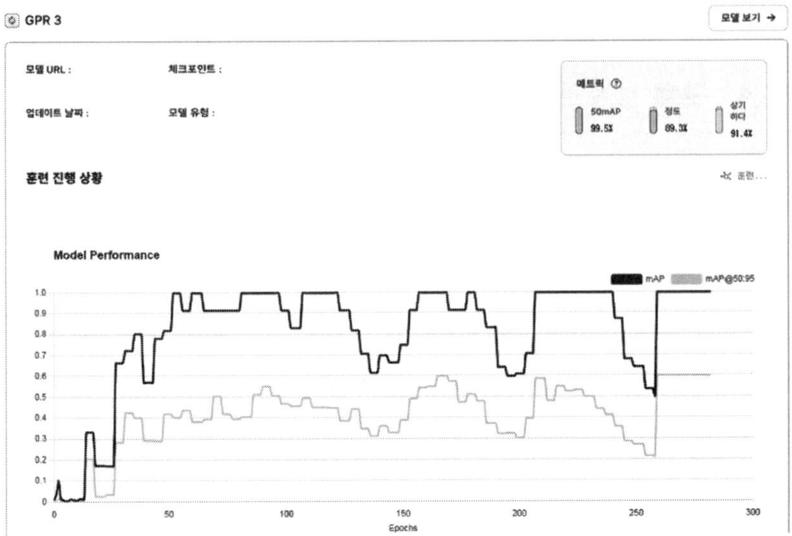

〈그림 10.5〉 모델 성능 평가(roboflow)

10.4.2 분석 결과의 정성적 평가 및 해석

정량적 지표가 모델의 전반적인 성능을 요약한다면, 시각화는 개별 예측 사례에 대한 정성적 평가와 심층적 오류 분석을 가능하게 한다. 이는 모델의 예측 결과를 GPR B-scan 이미지 위에 직접 중첩하여 표현하는 방식으로 이루어진다.

YOLO 모델의 탐지 결과는 경계 상자(Bounding Box)와 신뢰도 점수(Confidence Score)로 시각화된다. 이 시각화 자료는 단순히 결과를 보여주는 것을 넘어, 모델이 어떤 형태의 GPR 신호에 강하고 약한지, 특정 깊이나 토질 조건에서 오탐지가 발생하는 패턴은 없는지 등을 분석하는 데 결정적인 단서를 제공한다. 이 과정은 모델의 신뢰성을 높이고, 현장 실무자가 AI의 판단을 이해하고 수용하는 데 필수적인 역할을 한다.

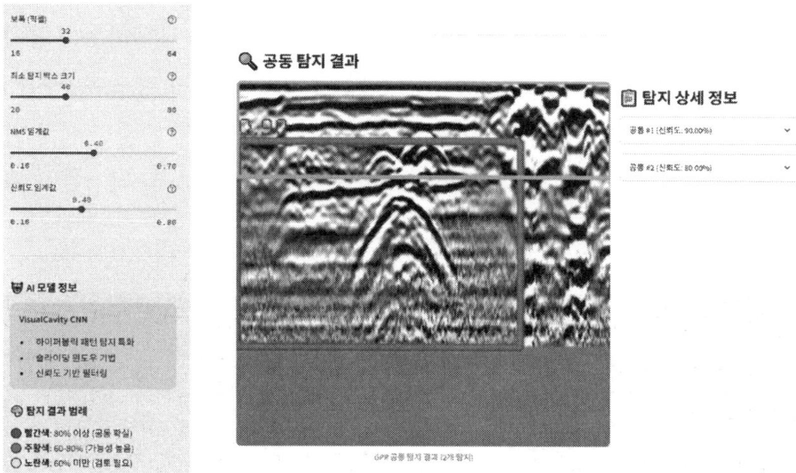

〈그림 10.6〉 딥러닝 실행 사례(Visual Cavity 프로그램)

10.4.3 결론 도출 및 향후 과제

본 실제 예시(Visual Cavity 프로그램)는 YOLOv5 모델을 통해 GPR 데이터에서 도로 공동을 자동으로 탐지하는 기술의 높은 잠재력을 보여준다. 정량적 및 정성적 분석을 통해 모델이 설정된 성능 목표에 도달했음을 확인했으며, 이는 현장 적용 우수성을 시사한다.

그러나 현재의 성과는 데이터 후처리(Post-processing) 단계에서의 분석 자동화에 머물러 있다. 도로 안전 패러다임을 근본적으로 바꾸기 위해서는 탐사의 실시간성(Real-time) 확보가 핵심 과제이다. GPR 장비로 도로를 스캔하는 즉시 내부 결함 유무를 판단하고, 그 결과를 현장에서 바로 활용할 수 있어야 한다.

궁극적으로 이 기술은 실시간 위험 예측 및 경보 시스템으로 발전해야 하며, 딥러닝 모델을 스마트폰과 같은 엣지 디바이스에서 구동할 수 있도록 경량화하고, GPS 및 통신 기술과 융합해야 한다. 이를 통해 탐지된 공동의 위치와 심각도 정보를 중앙 서버로 실시간 전송하고, 주변을 통행하는 차량이나 보행자의 휴대폰으로 위험 알림을 보내는 등의 능동적인 재난 예방 시스템을 구축하는 것이 이 GPR 탐사의 최종 지향점이다. 이는 단순한 탐사 기술의 고도화를 넘어, AI를 활용한 사회 안전망 구축의 중요한 이정표가 될 것이다.

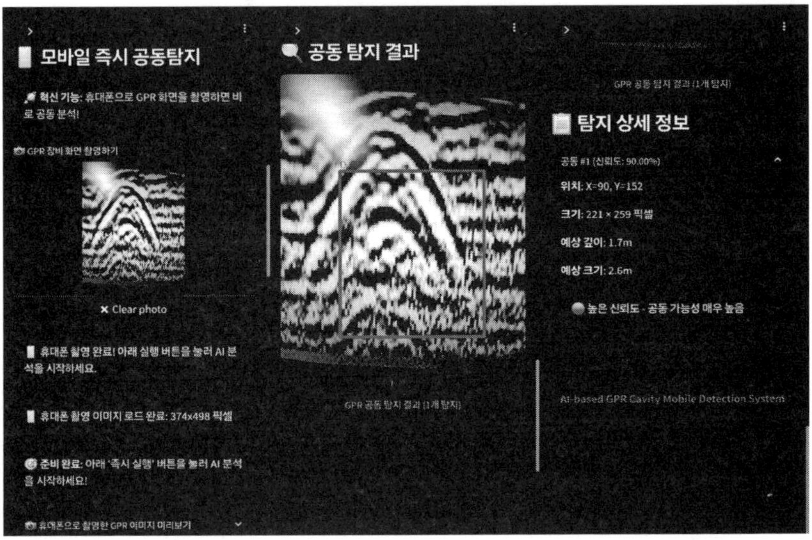

(a) 데이터 취득 (b) 공동 탐지 결과 (c) 공동 분석 결과

〈그림 10.7〉 실시간 공동 데이터 탐지 사례(Visual Cavity 프로그램)

부록

부록 A.
GPR 장비 제조사별 데이터 형식 및 Python 파서

A.1 서론: 표준의 부재

GPR 데이터 분석의 실제적인 첫 번째 장벽은 각 장비 제조사가 고유의 독자적인 파일 형식(Proprietary Format)을 사용한다는 점이다. 이는 마치 다른 언어를 사용하는 사람과 대화하는 것과 같아서, A사의 장비로 수집한 데이터를 B사의 분석 소프트웨어에서 직접 열거나, 통일된 분석 코드를 적용하기 어렵게 만든다.

따라서 딥러닝 모델을 개발하거나 연구를 수행하기 위해서는, 이러한 비표준화된 바이너리(Binary) 데이터 파일을 읽고 우리가 다룰 수 있는 숫자 배열(예: NumPy 배열)로 변환하는 과정, 즉 파싱(Parsing)이 필수적으로 선행되어야 한다. 본 부록에서는 주요 GPR 제조사의 데이터 형식의 특징과, Python을 이용한 기본적인 파서(Parser) 구현 아이디어를 소개한다.

A.2 GPR 파일의 공통 구조

제조사마다 형식은 다르지만, 대부분의 GPR 데이터 파일은 다음과 같은 두 가지 핵심적인 부분으로 구성된다.

1. 헤더(Header): 데이터의 이력서

파일의 가장 앞부분에 위치하며, 데이터 자체에 대한 모든 메타데이터(Metadata)를 담고 있다. 여기에는 탐사 조건과 데이터의 구조를 이해하는 데 필수적인 정보가 포함된다.

주요 헤더 정보:

트레이스당 샘플 수(Samples per Trace)

전체 트레이스 수(Number of Traces)

시간 창(Time Window, ns)

안테나 주파수(Antenna Frequency, MHz)

측선 거리 간격(Distance Interval)

GPS 좌표 정보 등

2. 트레이스 데이터(Trace Data): 실제 데이터

헤더 정보 이후에 위치하며, 실제 GPR 신호의 진폭 값이 순차적으로 기록된 바이너리 데이터 블록이다. 각 트레이스(A-Scan)는 일련의 숫자 값(보통 16비트 또는 32비트 정수)으로 구성되며, 이 트레이스들이 연속적으로 나열되어 전체 레이더그램(B-Scan)을 형성한다.

A.3 주요 제조사별 데이터 형식

제조사	대표 파일 확장자	특징
GSSI (USA)	.dzt	가장 널리 알려진 형식 중 하나. 헤더와 데이터가 하나의 .dzt 파일에 통합되어 있다. 헤더는 파일의 앞부분 1024바이트에 고정적으로 위치한다.
MALA (Sweden)	.rd3, .rd7	레이더 데이터 파일. 헤더 정보는 별도의 .rad 파일에 저장되는 경우가 많다. 파일 구조가 비교적 복잡할 수 있다.
Sensors & Software (Canada)	.dt1	데이터 파일. 헤더 정보는 동일한 이름의 .hd 파일에 텍스트 형식으로 별도로 저장된다.
공통 교환 형식	SEG-Y	원래 석유 탐사 분야의 탄성파 데이터를 위해 만들어진 표준형식. 많은 GPR 소프트웨어에서 데이터 교환(Import,Export)을 위해 이 형식을 지원하므로, 다른 형식의 데이터를 SEG-Y로 변환하여 분석하는 것이 좋은 대안이 될 수 있다.

A.4 Python을 이용한 데이터 파싱

Python으로 GPR 파일을 파싱하기 위해서는, 해당 파일의 바이너리 구조를 정확히 이해하고, 그 구조에 맞춰 바이트(Byte) 단위로 데이터를 읽어와야 한다.

핵심 라이브러리:

struct: 파이썬의 기본 라이브러리로, 바이너리 데이터를 특정 형식(예: 정수, 부동소수점)의 파이썬 값으로 변환(unpack)하는 데 사용된다. 헤더 정보를 읽는 데 필수적이다.

NumPy: 대용량 숫자 배열을 효율적으로 다루기 위한 라이브러리. numpy.fromfile() 함수를 사용하면 바이너리 파일의 데이터 블록을 매우 빠르게 NumPy 배열로 불러올 수 있다.

기본적인 파서 구현 로직 (GSSI .dzt 파일 예시)

```
        # 3. 2D 레이더그램으로 재구성
        # 1차원 배열을 (트레이스 수 x 샘플 수) 형태의 2차원 배열로 변환
        # 실제 트레이스 수는 전체 데이터 크기와 sps를 이용해 계산해야 함
        num_traces = len(raw_data) // sps
        radargram = raw_data.reshape((num_traces, sps)).T # (샘플 수 x 트레이스 수)로 전치

        return radargram, header_info

    except FileNotFoundError:
        print(f"오류: 파일을 찾을 수 없습니다 - {filepath}")
        return None, None

# 함수 사용 예시
# radargram, header = parse_dzt_file('my_gpr_data.dzt')
# if radargram is not None:
#     plt.imshow(radargram, cmap='gray', aspect='auto')
#     plt.title('GPR Radargram')
#     plt.xlabel('Traces')
#     plt.ylabel('Time Samples')
#     plt.show()
```

Generated python

```
import struct
import numpy as np
import matplotlib.pyplot as plt

def parse_dzt_file(filepath):
    """
    GSSI의 .dzt 파일을 파싱하는 함수의 기본 로직 예시
    """
    try:
        with open(filepath, 'rb') as f:
            # 1. 헤더 읽기 (파일의 첫 1024 바이트)
            # GSSI 매뉴얼에 따라 각 정보의 위치(offset)와 데이터 타입(format)을 알아야 함
            # 예: 12-13번 바이트가 '트레이스 당 샘플 수(sps)'를 나타내는 short(h) 형식이라고 가정
            f.seek(12) # 파일의 12번째 바이트로 이동
            sps = struct.unpack('<h', f.read(2))[0] # Little-endian 2바이트 정수 읽기

            # ... 다른 필요한 헤더 정보들도 동일한 방식으로 읽어온다 ...
            # 예: 전체 트레이스 수(num_traces) 등

            # 헤더 정보 딕셔너리 구성
            header_info = {'sps': sps} # 실제로는 더 많은 정보를 담아야 함

            # 2. 트레이스 데이터 읽기 (1024 바이트 이후)
            f.seek(1024) # 데이터가 시작되는 위치로 이동

            # NumPy를 이용해 나머지 데이터를 16비트 정수(int16) 배열로 한 번에 읽기
            raw_data = np.fromfile(f, dtype=np.int16)
```

이처럼 각 제조사의 파일 사양(Specification)을 이해하고, struct와 NumPy와 같은 파이썬 도구를 적절히 활용하면 어떤 독자적인 형식의 GPR 데이터라도 분석 가능한 형태로 변환할 수 있다. 이는 딥러닝 기반의 GPR 데이터 분석을 위한 가장 중요하고 기본적인 전처리 과정이라 할 수 있다.

부록 B.
딥러닝 모델 성능 최적화 팁 및 코드

B.1 서론: 첫 결과는 시작일 뿐

딥러닝 모델의 학습을 성공적으로 마쳤다고 해서 프로젝트가 끝난 것은 아니다. 첫 번째로 얻은 결과는 종종 최적이 아닌 경우가 많으며, 이는 단지 더 나은 모델로 나아가기 위한 '베이스라인(Baseline)'일 뿐이다. 모델의 성능을 한계까지 끌어올리기 위해서는, 학습 과정을 세밀하게 조정하고 다양한 전략을 실험하는 최적화(Optimization) 과정이 필수적이다. 본 부록에서는 모델의 성능을 향상시키는 데 유용한 몇 가지 실용적인 팁과 그에 해당하는 Python 코드 예시를 소개한다.

B.2 학습률 조절(Learning Rate Scheduling)

학습률(Learning Rate)은 모델의 학습 과정에서 가장 중요한 하이퍼파라미터 중 하나이다. 하지만 학습 내내 고정된 학습률을 사용하는 것은 비효율적일 수 있다. 이상적인 전략은, 학습 초반에는 비교적 높은 학습률로 빠르게 최적점에 근접하고, 학습이 진행됨에 따라 학습률을 점차 줄여나가면서 최적점 주변에서 미세 조정을 수행하는 것이다. 이를 자동화하는 것이 학습률 스케줄러(Learning Rate Scheduler)이다.

팁: StepLR이나 ReduceLROnPlateau와 같은 스케줄러를 사용하여, 학습이 진행되거나 검증 손실이 정체될 때 학습률을 동적으로 감소시킨다.

Generated python

```
import torch.optim as optim
from torch.optim.lr_scheduler import StepLR

# 모델과 옵티마이저 정의
model = ... # Your Model
optimizer = optim.Adam(model.parameters(), lr=0.001)

# 5 에폭(epoch)마다 학습률을 0.1배씩 감소시키는 스케줄러
scheduler = StepLR(optimizer, step_size=5, gamma=0.1)

# 학습 루프(Training Loop) 내에서 사용
for epoch in range(100):
    train_model(...) # 모델 훈련
    validate_model(...) # 모델 검증

    # 에폭이 끝날 때마다 스케줄러를 업데이트
    scheduler.step()
```

B.3 과적합 방지를 위한 고급 기법

모델이 훈련 데이터에만 너무 익숙해지는 과적합은 성능 향상의 가장 큰 적이다. 이를 막기 위한 몇 가지 효과적인 기법이 있다.

B.3.1 조기 종료(Early Stopping)

가장 직관적이고 강력한 과적합 방지 기법. 훈련을 무작정 많이 시키는 것이 아니라, 검증 데이터셋(Validation Set)에 대한 성능이 더 이상 향상되지 않거나 오히려 나빠지기 시작할 때 학습을 자동으로 중단시키는 방법이다.

팁: 매 에폭마다 검증 손실(Validation Loss)을 모니터링하고, 이 손실이 일정 횟수(Patience) 이상 감소하지 않으면 학습을 멈춘다. 가장 좋았던 시점의 모

델 가중치를 최종 결과로 저장한다.

Generated python

```
patience = 10 # 10번까지 개선이 없으면 참아준다
counter = 0
best_loss = float('inf')

for epoch in range(100):
    # ... 훈련 ...
    validation_loss = validate_model(...)

    if validation_loss < best_loss:
        best_loss = validation_loss
        torch.save(model.state_dict(), 'best_model.pt') # 최고의 모델 저장
        counter = 0
    else:
        counter += 1

    if counter >= patience:
        print("조기 종료!")
        break
```

B.3.2 드롭아웃(Dropout)

훈련 과정에서 신경망의 일부 뉴런을 무작위로 '꺼버리는(비활성화하는)' 기법. 이는 특정 뉴런에 과도하게 의존하는 것을 막아, 모델이 더 다양한 특징을 학습하도록 강제하여 일반화 성능을 높인다.

팁: CNN의 완전 연결 층(Fully-Connected Layer) 사이에 20~50% 비율의 드롭아웃을 추가하는 것이 일반적이다.

Generated python

```
import torch.nn as nn

# 분류기(Classifier) 부분에 드롭아웃 추가
classifier = nn.Sequential(
    nn.Linear(in_features=512, out_features=256),
    nn.ReLU(),
    nn.Dropout(p=0.5), # 50%의 뉴런을 랜덤하게 비활성화
    nn.Linear(in_features=256, out_features=10)
)
```

B.4 전이 학습(Transfer Learning)의 적극적 활용

GPR 데이터와 같이 양이 많지 않은 데이터셋을 학습시킬 때, 밑바닥부터 모델을 훈련시키는 것보다 전이 학습을 활용하는 것이 거의 항상 더 좋은 결과를 낳는다.

팁: ImageNet과 같은 대규모 데이터셋으로 미리 훈련된 모델(예: ResNet, VGG)을 불러온다. 이 모델의 초기 층(이미지의 기본적인 특징을 추출하는 부분)은 가중치를 동결(Freeze)시켜 학습되지 않도록 하고, GPR 데이터에 맞게 마지막 분류층만 새로 정의하여 그 부분만 집중적으로 학습시킨다.

Generated python

```
import torchvision.models as models
import torch.nn as nn
import torch.optim as optim
# 1. 미리 훈련된 ResNet18 모델 불러오기
model = models.resnet18(pretrained=True)

# 2. 초기 층들의 가중치를 동결
for param in model.parameters():
    param.requires_grad = False

# 3. 우리의 문제에 맞게 마지막 분류 층(fc)을 새로 정의
# 기존 ResNet18의 fc는 1000개의 클래스를 출력하지만, 우리는 2개(공동/정상)만 필요
num_ftrs = model.fc.in_features
model.fc = nn.Linear(num_ftrs, 2) # 2개의 클래스로 출력층 변경

# 이제 이 모델을 학습시키면, 새로 정의한 model.fc 부분만 훈련된다.
optimizer = optim.Adam(model.fc.parameters(), lr=0.001)
```

부록 C.
오픈소스 라이브러리 목록

C.1 서론

현대의 딥러닝 개발은 전 세계 수많은 개발자와 연구자들이 지식을 공유하고 코드를 공개하는 오픈소스(Open Source) 생태계 위에서 이루어진다. GPR 데이터 분석 프로젝트 역시, 이 강력하고 풍부한 오픈소스 도구들 없이는 상상하기 어렵다. 본 부록에서는 GPR 데이터 분석 및 딥러닝 모델 개발에 필수적인 핵심 파이썬(Python) 라이브러리들을 소개한다.

C.2 딥러닝 프레임워크

딥러닝 모델의 설계, 훈련, 평가의 전 과정을 지원하는 핵심 엔진이다.

1. TensorFlow

설명: 구글(Google)이 개발한 대표적인 딥러닝 프레임워크. 강력한 분산 처리 능력과 프로덕션 환경으로의 모델 배포(TensorFlow Serving, TensorFlow Lite)에 강점을 가진다. 케라스(Keras)라는 사용자 친화적인 고수준 API를 통해 모델을 쉽게 구축할 수 있다.

주요 역할: 딥러닝 모델(CNN, U-Net 등)의 구축, 훈련 및 추론.

웹사이트: https://www.tensorflow.org

2. PyTorch

설명: 메타(Meta, 구 페이스북)가 주도하여 개발한 프레임워크. 파이썬의 문법과 매우 유사하고 유연성이 높아, 연구자들 사이에서 특히 높은 인기를 얻고 있다. 직관적인 디버깅과 신속한 프로토타이핑에 유리하다.

주요 역할: 딥러닝 모델의 신속한 실험 및 개발, 학계 연구 구현.

웹사이트: https://pytorch.org

C.3 데이터 처리 및 과학 계산

GPR 원시 데이터를 읽고, 변환하며, 계산하는 데 필수적인 기초 라이브러리이다.

1. NumPy(Numerical Python)

설명: 파이썬에서 과학 계산을 수행하기 위한 가장 근본적인 패키지. 다차원 배열(ndarray) 객체를 중심으로, 대규모 숫자 데이터를 매우 빠르고 효율적으로 처리할 수 있는 다양한 수학 함수를 제공한다. GPR 레이더그램은 본질적으로 2차원 NumPy 배열로 표현된다.

주요 역할: GPR 데이터의 배열 변환, 수학적 연산, 데이터 정규화.

웹사이트: https://numpy.org

2. Pandas

설명: 엑셀 스프레드시트와 유사한 테이블 형태의 데이터를 다루는 데 특

화된 라이브러리. 데이터프레임(DataFrame)이라는 강력한 자료구조를 통해 데이터의 정제, 변환, 분석, 통계 처리를 손쉽게 수행할 수 있다.

주요 역할: GPR 헤더 정보 관리, GPS 좌표 데이터 처리, 실험 결과 정리 및 분석.

웹사이트: https://pandas.pydata.org

C.4 데이터 시각화

데이터와 분석 결과를 그래프나 이미지로 표현하여 직관적인 이해를 돕는다.

1. Matplotlib

설명: 파이썬에서 가장 널리 사용되는 기본적인 시각화 라이브러리. 선 그래프, 산점도, 히스토그램, 이미지 표시 등 거의 모든 종류의 2D 그래프를 만들 수 있는 강력한 기능을 제공한다.

주요 역할: GPR 레이더그램(B-Scan) 시각화, 모델의 학습 곡선(손실, 정확도) 그래프 작성.

웹사이트: https://matplotlib.org

2. Seaborn

설명: Matplotlib을 기반으로, 더 아름답고 통계적으로 의미 있는 그래프를 쉽게 그릴 수 있도록 만든 라이브러리. 간략한 코드로도 전문가 수준의 시각화가 가능하다.

주요 역할: 혼동 행렬(Confusion Matrix) 히트맵, 데이터 분포 시각화 등 고급 통계 그래프 생성.

웹사이트: https://seaborn.pydata.org

C.5 GPR 데이터 파싱 및 이미지 처리

특수한 파일 형식을 읽거나 이미지 기반의 전처리를 수행하는 데 유용한 라이브러리이다.

1. OpenCV(Open Source Computer Vision Library)

설명: 실시간 컴퓨터 비전을 위한 대표적인 오픈소스 라이브러리. GPR 레이더그램을 일종의 이미지로 간주할 때, 다양한 필터 적용, 노이즈 제거, 이미지 변환 등 강력한 이미지 처리 기능을 활용할 수 있다.

주요 역할: 데이터 증강(회전, 이동, 크기 조절), 이미지 필터링 및 전처리.

웹사이트: https://opencv.org

2. Segyio

설명: 지구물리 탐사 데이터의 표준 교환 형식인 SEG-Y 파일을 읽고 쓰기 위한 라이브러리. 많은 GPR 소프트웨어가 데이터 내보내기 기능으로 SEG-Y를 지원하므로, 다양한 제조사의 데이터를 통일된 방식으로 처리하는 데 매우 유용하다.

주요 역할: SEG-Y 형식의 GPR 데이터 로딩 및 저장.

웹사이트: https://github.com/equinor/segyio

부록 D.
관련 논문 및 참고자료

D.1 서론

본서는 GPR 데이터 분석에 딥러닝을 적용하는 기초적인 개념과 실습 과정을 소개하였다. 그러나 이 분야는 지금 이 순간에도 빠르게 발전하고 있으며, 더 깊이 있는 이론적 배경과 최신 연구 동향을 파악하기 위해서는 지속적인 학습이 필요하다. 본 부록은 독자들이 더 깊은 탐구를 시작할 수 있도록, GPR과 딥러닝의 기초를 다질 수 있는 핵심 교재와 관련 분야의 주요 연구 논문, 그리고 유용한 온라인 자료들을 선별하여 제공한다.

D.2 GPR 및 지구물리탐사 기초

GPR의 물리적 원리와 전통적인 자료처리 기법에 대한 깊이 있는 이해는 딥러닝 모델을 설계하고 결과를 해석하는 데 있어 매우 중요한 기반이 된다.

교재

1. Jol, H. M. (Ed.), 2009, Ground penetrating radar: Theory and applications. Elsevier.
2. Daniels, D. J. ,2004, Ground penetrating radar
3. 공동조사 실무편람(국토안전관리원, 2022)

4. 물리 탐사 길라잡이(한국지구물리탐사학회, 2011)
5. 기계학습 기반 회절파 분리 적용을 통한 GPR 탐사 자료의 도로 하부 공동 및 구조물탐지 성능 향상(김수윤 ·변중무, 지구물리와 물리탐사, Vol. 26, No. 4, 2023, p. 171-184)
6. 도심지 도로 지하공동 탐지를 위한 딥러닝 기반 GPR 자료 해석 기법(편석준 외, 지구물리와 물리탐사, Vol. 25, No. 4, 2022, p. 189-200)
7. 데이터 증강 및 앙상블 기법을 이용한 딥러닝 기반 GPR 공동 탐지 모델 성능 향상 연구(윤대웅 외, 지구물리와 물리탐사, Vol. 26, No. 4, 2023, p. 211-228)

D.3 딥러닝 기초

딥러닝의 수학적 원리부터 실제 구현까지, 모델 개발에 필요한 기초 체력을 기를 수 있는 핵심 자료들이다.

교재

1. Goodfellow, I., Bengio, Y., & Courville, A. (2016). Deep learning. MIT press.

딥러닝 분야의 가장 권위 있는 교과서. 수학적 기초부터 CNN, RNN, 그리고 최신 연구 주제까지 방대한 내용을 체계적으로 다룬다.

2. Chollet, F. (2021). Deep learning with Python. Manning Publications.

파이썬과 케라스(Keras)를 이용하여 딥러닝 모델을 실제로 구현하는 방법을 매우 실용적으로 설명한다.

온라인 강좌

Coursera-Deep Learning Specialization(deep learning. ai) 앤드류 응(Andrew Ng) 교수가 진행하는 강좌로, 딥러닝의 핵심 개념을 가장 명확하고 직관적으로 배울 수 있는 최고의 입문 과정 중 하나이다.

D.4 GPR 데이터 분석 관련 주요 연구 논문

딥러닝 기술이 GPR 데이터 해석에 어떻게 적용되고 있는지, 실제 연구 사례를 통해 최신 동향을 파악할 수 있다.

1. 자동 쌍곡선 탐지(기본 객체 탐지)

Al-Nuaimy, W., et al. (2000). Automatic detection of buried utilities and solid objects using randomized Hough transform. Pattern Recognition.

딥러닝 이전 시대에 전통적인 이미지 처리 기법으로 쌍곡선을 자동 탐지하려 했던 고전적인 연구.

Pham, H. V., & Yamaguchi, Y. (2019). A fast and robust method for automatic hyperbola detection in GPR images based on a combination of YOLO-v2 and column-connecting algorithm. IEEE Geoscience and Remote Sensing Letters.

객체 탐지 모델인 YOLO를 이용하여 쌍곡선을 신속하게 탐지하는 방법을 제안한 연구.

2. 지하 공동 및 구조물 분할(Segmentation)

Lei, W., et al. (2019). Automatic recognition of gpr images of pipeline cavities based on a deep learning network. Remote Sensing.

U-Net 기반의 딥러닝 모델을 이용하여 GPR 이미지에서 파이프 주변 공동을 자동으로 분할하는 방법을 보여준 대표적인 연구.

3. 지뢰 등 기타 이상체 탐지

Dinh, P. H., et al. (2019). A novel GPR-based landmine detection using deep learning with data augmentation. IEEE Geoscience and Remote Sensing Letters.

데이터 증강 기법과 딥러닝을 결합하여 지뢰와 같은 작은 이상체를 탐지하는 성능을 향상시킨 연구 사례.

D.5 온라인 리소스 및 커뮤니티

최신 논문, 공개된 코드, 그리고 개발 중 발생하는 문제에 대한 해답을 찾을 수 있는 유용한 웹사이트들이다.

arXiv.org(https://arxiv.org)

전 세계 연구자들이 자신의 최신 연구 논문을 정식 출판 전에 미리 공개하는 웹사이트. 'cs.CV'(컴퓨터 비전), 'eess.SP'(신호처리) 분야에서 "GPR", "Deep Learning" 등의 키워드로 검색하면 가장 최신의 연구 동향을 접할 수 있다.

GitHub(https://github.com)

전 세계 개발자들의 코드 저장소. 본 부록에서 소개된 많은 오픈소스 라이브러리뿐만 아니라, 수많은 GPR 관련 딥러닝 연구의 실제 구현 코드를 찾아보고 활용할 수 있다.

Kaggle(https://www.kaggle.com)

데이터 과학 및 머신러닝 경진대회 플랫폼. 다양한 데이터셋을 접할 수 있으며, 다른 사람들이 특정 문제를 어떻게 해결했는지에 대한 코드와 아이디어를 얻기에 좋은 곳이다.

AI Hub(https://aihub.or.kr)

과학기술정보통신부와 한국지능정보사회진흥원이 운영하는 국가 AI 개발 지원 플랫폼으로, AI 기술 및 제품·서비스 개발에 필요한 AI 인프라를 제공 및 지원한다.

Roboflow(https://roboflow.com/)

개발자와 기업이 컴퓨터 비전(Computer Vision) 모델을 쉽게 구축하고 배포할 수 있도록 지원하는 소프트웨어 플랫폼이다. 이미지 분류, 객체 인식(탐지) 등 AI 모델 개발 과정 전반을 온라인상에서 효율적으로 관리할 수 있는 도구를 제공한다.

부록 E.
용어집

ㄱ

가지치기(Pruning)

인공신경망 모델의 크기를 줄이고 계산 효율성을 높이기 위해, 모델의 성능에 거의 영향을 주지 않는 불필요한 가중치나 뉴런을 제거하는 기술. 모델을 경량화하는 대표적인 방법 중 하나

감쇠(Attenuation)

전자기파가 매질을 통과하면서 에너지를 잃고 신호의 세기가 약해지는 현상. 전기전도도가 높은 매질에서 심하게 발생

경사 하강법(Gradient Descent)

손실 함수(오차)를 최소화하기 위해, 손실 함수의 기울기(경사)가 가장 가파른 방향의 반대쪽으로 가중치를 점진적으로 수정해 나가는 대표적인 딥러닝 최적화 알고리즘

경량 네트워크 아키텍처(Lightweight Network Architecture)

모바일 기기나 임베디드 시스템과 같이 계산 자원이 제한된 환경(엣지 AI)에서도 효율적으로 동작할 수 있도록 설계된 작고 빠른 인공신경망 모델 구

조(예: MobileNet, EfficientNet)

과소적합(Underfitting)

모델이 학습 데이터의 특징이나 패턴을 충분히 학습하지 못해, 훈련 세트와 테스트 세트 모두에서 낮은 성능을 보이는 상태를 말함. 모델이 너무 단순할 때 주로 발생

과적합(Overfitting)

모델이 훈련 데이터에만 과도하게 최적화되어, 데이터의 핵심 패턴뿐만 아니라 불필요한 잡음까지 암기하는 현상. 이로 인해 새로운 데이터에 대한 예측 성능(일반화 성능)이 저하됨.

구조 보정(Migration)

GPR 자료처리 기법 중 하나로, 회절파에 의해 넓게 퍼진 쌍곡선 형태의 에너지를 실제 산란체의 위치인 하나의 점으로 모아주어 지하 구조의 영상을 더 선명하게 만드는 과정

군집분석(Clustering)

주어진 데이터들의 특성을 고려하여, 유사한 성격을 가진 데이터끼리 그룹으로 묶는 비지도 학습 방법. 데이터의 숨겨진 구조나 패턴을 파악하는 데 사용됨. 대표적으로 K-Means 알고리즘이 있음.

GAN(생성적 적대 신경망, Generative Adversarial Network)

서로 경쟁하는 두 개의 신경망(생성자, 판별자)을 이용하여 실제와 매우 유사한 가짜 데이터를 만들어내는 딥러닝 모델. 이미지 생성, 변환 등에 널리 쓰임.

ㄴ

노이즈(Noise)

GPR 데이터에서 원하는 신호 외에, 외부 전파 간섭이나 시스템 자체에서 발생하는 불규칙하고 의미 없는 잡음 신호

뉴런(Neuron)

인공신경망을 구성하는 기본 단위. 여러 개의 입력을 받아 가중치를 곱하고 합산한 뒤, 활성화 함수를 통해 다음 뉴런으로 신호를 전달할지 결정함. 퍼셉트론(Perceptron)이라고도 함.

NumPy (Numerical Python)

파이썬에서 과학 계산, 특히 다차원 배열과 행렬 연산을 쉽게 처리할 수 있도록 지원하는 핵심 라이브러리. 데이터 분석 및 머신러닝에서 데이터를 수치적으로 다루기 위한 필수 도구

ㄷ

다중 클래스 분류(Multi-class Classification)

데이터를 3개 이상의 정해진 카테고리(클래스) 중 하나로 예측하고 분류하는 문제임.

데이터마이닝(Data Mining)

대규모 데이터 속에서 의미 있는 패턴, 규칙, 관계를 찾아내고, 가치 있는 정보를 추출하는 과정

데이터셋 분할(Dataset Split)

보유한 전체 데이터를 모델 학습 및 평가를 위해 학습용(Training Set), 검증용(Validation Set), 테스트용(Test Set)으로 분할하는 과정. 모델의 과적합을 방지하고 일반화 성능을 객관적으로 평가

데이터 증강(Data Augmentation)

제한된 양의 학습 데이터에 회전, 반전, 잡음 추가 등 인위적인 변형을 가하여 데이터의 양과 다양성을 늘리는 기법. 과적합을 방지하고 모델의 일반화 성능을 높이는 데 효과적임.

데이터 파일 교환 방식

두 시스템이 데이터를 주고받을 때, CSV, JSON, XML 등과 같은 특정 형식의 파일로 데이터를 저장하고 이를 서로 전달하여 교환하는 방식임.

딥러닝(Deep Learning)

머신러닝의 한 분야로, 깊은(Deep) 구조의 인공신경망을 이용하여 데이터 속에 숨겨진 복잡하고 추상적인 패턴을 기계가 스스로 학습하도록 하는 기술

디코더(Decoder)

인코더에 의해 압축된 잠재 벡터(Latent Vector)를 다시 원래 데이터의 형태로 복원하는 역할을 하는 신경망 부분임. 오토인코더나 GAN과 같은 생성 모델의 핵심 구성 요소

ㄹ

라벨링(Labeling)

지도 학습(Supervised Learning)을 위해, 각 데이터에 대한 정답(라벨)을 부여하는 작업이며, 이미지에 '고양이'라고 이름표를 붙이거나, GPR 데이터의 공동 영역을 표시하는 것 등이 해당됨.

레이더그램(Radargram)

GPR 탐사로 얻은 최종적인 2차원 지하 단면 영상. 가로축은 탐사 거리, 세로축은 왕복 주행 시간(깊이)을 나타내며, 신호의 진폭을 색상이나 음영으로 표현함. B-Scan이라고도 함.

LIME(Local Interpretable Model-agnostic Explanations)

복잡한 인공지능 모델의 특정 예측 결과에 대해, “왜 그렇게 예측했는지”를 국소적으로 설명해주는 XAI 기법

ㅁ

머신러닝(Machine Learning)

명시적인 규칙을 프로그래밍하는 대신, 대량의 데이터를 이용하여 기계가 스스로 데이터의 패턴을 학습하고 예측하는 능력을 갖추게 하는 인공지능의 한 분야임.

모자이크(Mosaic)

데이터 증강 기법의 하나로, 여러 개의 이미지를 모자이크처럼 하나로 합쳐서 새로운 학습 이미지를 만드는 방식임.

믹스업(Mixup)

데이터 증강 기법 중 하나로, 두 개의 서로 다른 데이터를 일정 비율로 섞어(이미지와 라벨 모두) 새로운 학습 데이터를 만드는 방법임.

mAP(mean Average Precision)

객체 탐지(Object Detection) 모델의 성능을 평가하는 핵심 지표이며, 모델이 얼마나 정확하게, 그리고 빠짐없이 객체의 위치와 종류를 예측하는지를 종합적으로 나타냄.

ㅂ

바운딩 박스(Bounding Box)

객체 탐지(Object Detection) 문제에서, 이미지 내에 있는 객체의 위치를 나타내기 위해 사용하는 사각형의 경계 상자임.

반사파(Reflected Wave)

전자기파가 서로 다른 전기적 특성을 가진 매질의 경계면(예: 지층 경계)에서 반사되어 돌아오는 신호이며, 레이더그램에서 주로 수평적인 층상 구조로 나타남.

배깅(Bagging, Bootstrap Aggregating)

여러 모델의 예측을 종합하여 최종 예측을 하는 앙상블 기법 중 하나이며, 원본 데이터에서 여러 개의 샘플을 만들어 각각 독립적으로 모델을 학습시킨 후 결과를 종합함.

배치 크기(Batch Size)

딥러닝 학습 시, 가중치를 한 번 업데이트하는 데 사용되는 데이터 샘플의 묶음 크기임.

부스팅(Boosting)

여러 개의 약한 학습기를 순차적으로 학습시켜, 이전 모델의 오류를 보완하며 점진적으로 성능을 향상시키는 앙상블 기법임.

역전파(Backpropagation)

신경망의 예측 오차를 줄이기 위해, 출력층에서부터 입력층 방향으로 오차에 대한 각 가중치의 기여도(기울기)를 거꾸로 계산해 나가는 알고리즘이며, 신경망 학습의 핵심임.

ㅅ

손실 함수(Loss Function)

딥러닝 모델의 예측값과 실제 정답 사이의 차이, 즉 '오차'를 정량적으로 계산하는 함수이며, 모델은 이 손실 함수의 값을 최소화하는 방향으로 학습을 진행함.

순전파(Forward Propagation)

인공신경망에서 입력 데이터가 입력층에서부터 출력층까지 순서대로 거치며 최종 예측값을 출력하는 과정임.

순환신경망(RNN, Recurrent Neural Network)

시계열 데이터나 문장처럼 순서가 중요한 데이터를 처리하기 위해 설계된 인공신경망이며, 이전 단계의 출력을 현재 단계의 입력으로 사용하는 순환 구조를 가짐.

스킵 연결(Skip Connection)

U-Net과 같은 인코더-디코더 구조에서, 인코더의 저수준 특징(고해상도 위치 정보)을 디코더의 해당 층으로 직접 전달하는 연결임. 정보 손실을 막아 정

밀한 복원을 가능하게 함.

스태킹(Stacking, Stacked Generalization)

여러 다른 모델들의 예측 결과를 입력으로 사용하여, 최종 예측을 수행하는 또 다른 모델(메타 모델)을 학습시키는 앙상블 기법임.

쌍곡선(Hyperbola)

레이더그램에서 파이프나 암괴와 같은 점(Point) 형태의 산란체에 의해 나타나는 아래로 볼록한 특징적인 신호 패턴. 회절파에 의해 생성됨.

ㅇ

아티팩트(Artifact)

GPR 데이터 등에서 실제 지하 구조물이 아닌, 측정 과정이나 데이터 처리 오류로 인해 나타나는 허상 또는 왜곡된 신호

앙상블 분석(Ensemble Analysis)

여러 개의 개별적인 모델을 함께 사용하여 단일 모델보다 더 정확하고 안정적인 예측 결과를 도출하는 방법

앵커박스(Anchor Box)

객체 탐지 모델에서 객체를 더 잘 찾기 위해 미리 정의해 놓은 다양한 크기와 비율의 기준 상자(Box)

양자화(Quantization)

인공신경망 모델의 가중치를 표현하는 데이터 타입의 정밀도를 낮추어 (예: 32비트 실수 -> 8비트 정수) 모델의 크기를 줄이고, 연산 속도를 향상시키는 모델 경량화 기술

어노테이션(Annotation)

인공지능 모델을 학습시키기 위해 원본 데이터(raw data)에 정답을 표시하는 작업임. 라벨링과 유사한 의미로 쓰임.

에폭(Epoch)

전체 훈련 데이터셋을 사용하여 학습을 한 번 완료한 횟수를 세는 단위임.

오토인코더(Autoencoder)

입력을 압축하는 인코더와, 압축된 정보로부터 원본을 복원하는 디코더로 구성된 비지도 학습 모델임. 입력과 출력을 최대한 똑같이 만들도록 학습하며, 정상 데이터의 패턴을 학습하여 이상 탐지에 주로 사용됨.

옵티마이저(Optimizer)

손실 함수의 값을 최소화하기 위해, 역전파를 통해 계산된 기울기를 바탕으로 모델의 가중치를 업데이트하는 알고리즘이며, Adam, SGD 등이 대표적임.

왕복 주행 시간(Two-way Travel Time)

GPR 신호가 송신 안테나를 떠나 지하의 반사체에 부딪혀 수신 안테나로

돌아오기까지 걸린 총 시간이며, 깊이 계산의 기본이 됨.

유전율(Dielectric Permittivity)

물질이 전자기파의 에너지를 얼마나 저장할 수 있는지를 나타내는 전기적 특성이며, GPR 신호의 전파 속도를 결정하는 가장 중요한 요소임.

EfficientNet(이피션트넷)

구글에서 개발한 합성곱 신경망(CNN) 아키텍처의 한 종류. 가장 큰 특징은 컴파운드 스케일링(Compound Scaling)이라는 독창적인 방법을 사용하여, 모델의 깊이(depth), 너비(width), 해상도(resolution)를 체계적이고 균형 있게 확장, 이 세 가지 요소를 최적의 비율로 동시에 키워 적은 계산량(컴퓨팅 자원)으로도 매우 높은 정확도를 달성(경량 네트워크 아키텍처)

일반화(Generalization)

모델이 훈련 데이터에서 학습한 패턴을 바탕으로, 한 번도 본 적 없는 새로운 데이터에 대해서도 정확한 예측을 수행하는 능력이며. 딥러닝 모델의 최종 목표임.

인공신경망(Artificial Neural Network, ANN)

인간의 뇌 신경세포(뉴런) 구조를 모방하여 만든 기계 학습 모델임.

인코더(Encoder)

입력 데이터를 더 낮은 차원의 중요한 특징들만 담은 벡터(Latent Vector)로 압축하고 변환하는 역할을 하는 신경망 부분임.

임곗값(Threshold)

어떤 값을 기준으로 두 개 이상의 상태를 구분하는 경계값임.

A SCAN(Amplitude Scan)

GPR 탐사에서 한 지점의 지하 깊이에 따른 전자기파 반사 신호의 세기를 파형(그래프) 형태로 나타낸 것. 트레이스(Trace)와 같음.

API(Application Programming Interface) 연동 방식

두 시스템이 서로 정해진 규칙(API)에 따라 정보를 교환하는 방법임.

AUC(Area Under the Curve)

ROC 곡선 아래의 면적으로, 1에 가까울수록 모델이 양성/음성 클래스를 완벽하게 구별한다는 뜻의 이진 분류 성능 지표임.

B SCAN(Brightness Scan)

여러 개의 A-Scan을 탐사 라인을 따라 연속적으로 측정하여 만든 2차원 단면도임. 레이더그램(Radargram)과 같음.

C SCAN(Constant-depth Scan)

여러 개의 평행한 B-Scan 데이터들로부터 특정 깊이에 해당하는 신호값들을 추출하여 만든 수평적인 단면도(평면도)임.

ㅈ

장단기메모리(LSTM, Long Short-Term Memory)

기존 RNN의 장기 기억 손실 문제를 해결한 순환신경망의 한 종류로, 중요한 정보는 오래 기억하고 불필요한 정보는 잊는 메커니즘을 가짐.

전기전도도(Electrical Conductivity)

물질이 전류를 얼마나 잘 흐르게 하는지를 나타내는 물리량이며, 전기전도도가 높을수록 전자기파의 감쇠가 심해져 탐사 심도가 얕아짐.

전이 학습(Transfer Learning)

대규모 데이터셋으로 미리 훈련된 모델(Pre-trained Model)의 가중치를 가져와, 우리가 풀고자 하는 새로운 문제에 맞게 일부만 재학습(미세 조정)하는 기법이며, 데이터가 부족한 상황에서 매우 효과적임.

전자기파(Electromagnetic Wave)

전기장과 자기장이 서로 진동하며 공간 속으로 퍼져나가는 파동이며, GPR은 이 전자기파를 이용해 지하를 영상화함.

정규화(Normalization)

데이터의 각 특징(Feature)이 가진 서로 다른 단위와 범위(스케일)를 일정한 기준으로 통일시켜주는 데이터 전처리 과정

정밀도(Precision)

모델이 '양성(Positive)'이라고 예측한 것들 중에서, 실제로 양성이었던 것들의 비율

정확도(Accuracy)

전체 예측 데이터 중에서 올바르게 예측한 데이터의 비율

재현율(Recall / Sensitivity)

실제 양성인 데이터 중에서, 모델이 양성이라고 올바르게 예측한 것들의 비율

주파수(Frequency)

1초에 파동이 진동하는 횟수. GPR에서는 안테나의 중심 주파수가 탐사 심도와 분해능을 결정하는 상충 관계를 나타냄(고주파수: 얕은 심도/높은 분해능, 저주파수: 깊은 심도/낮은 분해능)

지식 증류(Knowledge Distillation)

크고 복잡한 '선생님 모델'의 지식을 작고 가벼운 '학생 모델'에게 전달하여 학습시키는 모델 경량화 기법.

직접파(Direct Wave)

GPR 신호 중 땅속으로 들어가지 않고, 송신 안테나에서 수신 안테나로 직접 전달되는 신호(공기파, 지표파)이며, 레이더그램의 가장 위쪽에 나타남.

ㅋ

컷믹스(CutMix)

데이터 증강 기법의 하나로, 한 이미지의 일부를 잘라내어 다른 이미지의 같은 위치에 붙여넣고 라벨도 비율에 맞게 섞어주는 방식

클라우드 AI(Cloud AI)

대규모 서버(클라우드)의 강력한 컴퓨팅 자원을 활용하여 인공지능 모델을 학습시키고 서비스를 제공하는 방식

K-MEANS

데이터를 미리 정해진 K개의 군집(Cluster)으로 나누는 대표적인 군집분석 알고리즘

KNN 알고리즘(K-Nearest Neighbors)

새로운 데이터의 클래스를, 기존 데이터 중 가장 가까운 K개의 이웃 데이터들의 클래스를 참고하여 결정하는 분류 알고리즘

CNN(합성곱 신경망, Convolutional Neural Network)

이미지 인식 및 처리에 매우 뛰어난 성능을 보이는 딥러닝 모델이며, 데이터의 공간적 특징을 추출하는 합성곱(Convolution)과 풀링(Pooling) 연산이 핵심임.

ㅌ

탐사 심도(Penetration Depth)

GPR 신호가 유의미한 정보를 가지고 도달할 수 있는 최대 깊이이며, 매질의 전기전도도에 가장 큰 영향을 받음.

텐서플로우(TensorFlow)

구글에서 개발한 오픈소스 머신러닝 및 딥러닝 라이브러리임.

트레이스(Trace)

GPR 탐사의 한 지점에서 기록된 1차원 파형 데이터. 신호의 진폭을 시간의 함수로 나타냄. A-Scan이라고도 함.

ㅍ

파라미터 갱신(Weight Update)

인공신경망의 학습 과정에서, 손실 함수의 값을 줄이는 방향으로 각 연결의 가중치(파라미터)를 조금씩 조정하는 과정임.

파이썬(Python)

간결한 문법과 풍부한 라이브러리를 바탕으로 AI 개발의 표준 언어로 사용되는 프로그래밍 언어임.

Pandas

파이썬에서 표(Table) 형태의 데이터를 쉽게 다룰 수 있도록 해주는 데이터 분석 라이브러리임.

풀링(Pooling)

CNN에서 합성곱 층 다음에 적용되어, 특징 맵(Feature Map)의 크기를 줄이고 핵심적인 정보만 추출하는 과정이며, 계산량을 줄이고 모델의 강인성을 높임.

필터(Filter)

CNN의 합성곱 연산에 사용되는 작은 크기의 행렬이며, 특정 패턴(선, 모서리 등)을 감지하는 '특징 탐지기' 역할을 수행함. 커널(Kernel)이라고도 함.

ㅎ

합성곱(Convolution)

CNN의 핵심 연산으로, 필터가 이미지 위를 이동하면서 지역적인 특징을 추출하여 특징 맵을 생성하는 과정

학습률(Learning Rate)

인공신경망 학습 시, 가중치를 한 번에 얼마나 크게 갱신할지를 결정하는 값

활성화 함수(Activation Function)

뉴런의 최종 출력값을 결정하는 함수. 합산된 입력 신호에 비선형성을 부여하여 신경망이 복잡한 패턴을 학습할 수 있게 하며, ReLU가 대표적임.

해석 가능한 AI(eXplainable AI, XAI)

딥러닝 모델의 판단 근거를 인간이 이해할 수 있는 형태로 설명하고 시각화하는 기술이며, '블랙박스' 모델의 신뢰성과 투명성을 높이는 데 목적을 둠.

회귀분석(Regression)

하나 이상의 독립 변수(원인)와 연속적인 값을 갖는 종속 변수(결과) 사이의 관계를 분석하고, 이를 통해 미래의 값을 예측하는 방법임

회절파(Diffracted Wave)

전자기파가 점이나 모서리 형태의 산란체를 만났을 때 사방으로 퍼져나가는 신호이며, 레이더그램에서 쌍곡선 형태를 만듦.

혼동 행렬(Confusion Matrix)

분류 모델의 성능을 평가하기 위해, 실제 클래스와 모델이 예측한 클래스를 표로 나타낸 것

F1 스코어(F1 Score)

정밀도(Precision)와 재현율(Recall)의 조화 평균으로, 데이터 클래스가 불균형할 때 모델의 성능을 종합적으로 평가하기에 유용한 지표임.

IoU(Intersection over Union)

객체 탐지 모델에서, 예측된 바운딩박스와 실제 정답 바운딩박스가 얼마나 겹치는지를 나타내는 지표이며. 1에 가까울수록 정확함.

ROC 곡선(Receiver Operating Characteristic Curve)

이진 분류 모델의 임곗값 변화에 따른 성능 변화를 보여주는 그래프로, 곡선이 좌측 상단에 가까울수록 성능이 우수함을 의미함.

YOLO(You Only Look Once)

이미지 전체를 한 번만 보고도 여러 객체들의 위치와 종류를 매우 빠른 속도로 탐지해내는 대표적인 실시간 객체 탐지 알고리즘